Milei

Milei

Todas las respuestas a las preguntas que suscita

JOSÉ BENEGAS

EDICIONES DEUSTO

Deusto es un sello editorial de Centro de Libros PAPF, SLU.
Av. Diagonal, 662-664
08034 Barcelona
www.planetadelibros.com

Diseño de cubierta: Sylvia Sans Bassat

Primera edición: enero de 2024
Depósito legal: B. 871-2024
ISBN: 978-84-234-3697-2
Composición: Realización Planeta
Impresión y encuadernación: Gómez Aparicio Grupo Gráfico
Printed in Spain - Impreso en España

PEFC Certificado
Este libro procede de bosques gestionados de forma sostenible
PEFC/14-38-00305
www.pefc.es

Sumario

Introducción 7

1. En el momento justo y en el lugar adecuado 19
2. Entender a Milei es entender una época 29
3. Ideas y emociones 45
4. Las fronteras abiertas de la política 59
5. Ideas e ideologías 67
   Religión cristiana 69
   Conservadurismo 115
   Liberalismo 123
6. Unidos y confundidos 131
7. La casta y la gente de bien 157
8. Victoria Villarruel 161
9. Los «neoliberales» 169
10. Milei y sus alianzas 173
    La batalla cultural: la ideología de que existe una ideología de género 173
    Milei y las drogas 186
    De economista clásico a anarcocapitalista 190
    Ventas de armas, niños y órganos 197
11. Amigos y enemigos 201
12. Milei poselectoral 211

Bibliografía 231
Índice onomástico 237

Introducción

El 19 de noviembre de 2023, Javier Gerardo Milei, un economista desconocido para el público general unos años atrás, se convirtió en el nuevo presidente de Argentina al vencer a Sergio Massa, el ministro de Economía bajo la presidencia de Alberto Fernández, que finalizó su gestión con un 140 por ciento de inflación anual.

Al iniciar su aventura política, Milei era algo parecido a un «improbable presidente». En primer lugar porque, cuando empezó a salir en los programas de televisión como un polemista efusivo y hasta descontrolado que llamaba la atención, él mismo negaba todo interés en la política. Eso sí, ejercía una crítica radical al feroz rumbo económico de Argentina durante el gobierno de Mauricio Macri y hablaba de cosas como inflación y déficit fiscal dando largas explicaciones que no respetaban los tiempos televisivos y que el público de los programas no entendía. En esas apariciones en los medios, Milei se enfrentaba y discutía nada amablemente con quienes discutían sus opiniones, y hasta los trataba de «burros».

Macri es un ingeniero hijo de un gran contratista del Estado que había despertado la esperanza tras el hartazgo con el kirchnerismo, y, cuando le tocó ser opositor, se mostró conciliador y evitó el conflicto con el que Néstor Kirchner (1950-2010) toreaba una y otra vez.

Milei era todo lo contrario, y muchas veces no se sabía a qué se debía su enfado, que en ocasiones resultaba gracioso y otras veces llegaba a ser desagradable. Con las mujeres se mostraba muy hostil.

Su éxito evidenciaba que el público estaba muy dispuesto a que alguien llamara «burros» a todos y no mostrara ningún interés por respetar las reglas de cualquier protocolo, porque la gente padecía los efectos una inflación completamente descontrolada que venía creciendo desde el kirchnerismo y porque Macri no daba pie con bola al respecto. Este último pasó cuatro años corriendo detrás del agujero fiscal sin encararlo con decisión.

Macri se decía un «gradualista» y no le gustaban las fórmulas de los «liberalotes», individuos como José Luis Espert o Roberto Cachanosky, que le decían que debía adoptar decisiones drásticas de control del gasto, y que, en palabras de uno de los defensores más acérrimos de ese gradualismo, querían realizar una operación a corazón abierto a un paciente con insuficiencia cardíaca.[1]

El kirchnerismo estaba en aquel entonces en la oposición, esperando que Macri les devolviera el poder y que fuera generoso, porque, para la mayoría, el recuerdo de los

1. Iglesias, Fernando A., «La propaganda antipolítica de los liberalotes», *La Nación*, 22 de noviembre de 2017, <https://www.lanacion.com.ar/opinion/la-propaganda-antipolitica-de-los-liberalotes-nid2084410/>.

Kirchner era una pesadilla. Su esperanza demasiado optimista se vio coronada después.

Mientras tanto, Macri compartía la misma visión de que los «liberalotes» eran un peligro, y estaba muy cómodo consiguiendo nueva financiación para el descontrol y pensando en cosas como la imagen de su gobierno, muy diferente a la de sus antecesores los Kirchner, que no se veían bien en ningún evento. Puede resultar irónico, pero es verdad que el marketing de Macri incluía presentar a su mujer como una princesa de la revista *Hola* y a su gobierno como un gabinete agradable a la vista.

En eso se había quedado todo, y la inflación crecía tras la recesión y con ella, y Macri terminó derrotado en 2019 por un Alberto Fernández respaldado por la alianza entre el kirchnerismo y el Frente Renovador, encabezado por Sergio Massa.

Alberto Fernández era la prenda de unión entre ambos peronismos y resultó un presidente sin poder y sin voluntad de cambiar nada. Utilizó todo su capital político en tomar medidas draconianas contra la COVID-19, que al principio fueron muy populares, pero que al final cayeron más por el hartazgo del público que por un deseo del gobierno.

En todo ese período, Javier Milei fue ganando fama, llamando la atención, generando tendencias en Twitter, siendo objeto de todos los memes y los vídeos de TikTok. Le encantaba sobre todo a un público joven que consumía sus extravagancias por las redes sociales y se dejaba seducir por el discurso contra los políticos y por todos los apelativos que el personaje les aplicaba, porque advertían que su futuro estaba muy comprometido y porque el «gran pesimismo» los había inundado durante el confinamiento eterno con Alberto Fernández.

Tras una larga campaña electoral, Milei llegó al poder en un proceso sorprendente que será objeto de análisis durante muchos años debido a los dramáticos giros que tuvo. Todo ocurrió entre agosto y noviembre de 2023.

Casi como pasó con Argentina en la final de la Copa Mundial de Fútbol de 2022, en Catar, contra Francia, ese agosto de 2023, Milei dio la primera sorpresa al ser el candidato más votado en las elecciones primarias obligatorias, en las que obtuvo un 31 por ciento de los votos, contra un 21 por ciento de Sergio Massa, candidato del peronismo, y un 17 por ciento de Patricia Bullrich, candidata de la coalición Juntos por el Cambio del expresidente Macri.

En la primera vuelta de las elecciones generales, en octubre, sus aspiraciones parecían haber llegado a su fin, porque fue superado por Massa, que alcanzó el 37 por ciento de los apoyos, mientras él se quedó con el 30 por ciento que ya tenía, y Bullrich fue tercera, con el 24 por ciento.

Todo indicaba que Milei había encontrado su techo, a pesar de que Patricia Bullrich le dio su apoyo pleno e incondicional a instancias de Macri para enfrentar al candidato oficialista —y se lo dio tras ser tratada por él como terrorista de los años setenta que había puesto bombas en los jardines de infancia, y tras decirle ella que su plan era peligroso y que él quería que se pudieran vender los niños—. Pero no hay que subestimar la capacidad de perdón de los políticos, que puede alcanzar proporciones bíblicas. Según ambos protagonistas, simplemente se sentaron, se pidieron perdón... y ya está.

Cuando todo parecía estar perdido en la segunda vuelta, Milei se quedó con todos los votos de Patricia Bullrich y de su heterogénea coalición de Juntos por el Cambio, y consiguió la presidencia al cosechar el 56 por ciento de los sufragios contra el 44 por ciento del candidato peronista.

Fue sorprendente que lograra todos los votos de la persona a la que trató semanas atrás como enemiga y a la que acusó de haber organizado conspiraciones para perjudicarlo. Más sorprendente resultó que esos votos se mantuvieran unidos, pues era una coalición partida en dos y cuyos líderes se odiaban. Pero así ocurrió, y eso fue algo así como un «milagro kirchnerista» a la inversa, algo que no hubiera pasado sin que el hartazgo respecto a ellos jugara un papel decisivo. Cuando los votantes se pusieron a pensar, se opusieron fuertemente a la cuarta vuelta del peronismo.

Milei, que comenzó como un crítico a las políticas de Macri, llegó a la presidencia con una ayuda de éste en el último momento y que resultó crucial, porque la gente lo acompañó.

El resultado quebró la mala racha que la derecha aliada de Milei había sufrido sucesivamente en países vecinos, como ocurrió con Jair Bolsonaro en Brasil, José Antonio Kast en Chile y Rafael López-Aliaga en Perú y, más al norte, con la de Donald Trump en 2020, los cuales se mostraron exultantes por la victoria del economista Milei.

El mismo Donald Trump, que hasta entonces había ignorado los elogios que le profesaba también el argentino, le dedicó un vídeo para celebrar su llegada al poder y predecir que «haría grande a Argentina otra vez». El entonces ya presidente electo le respondió por X (antes Twitter): «¡Muchas gracias presidente @realDonaldTrump! Su presidencia fue un ejemplo para todos los que defendemos las ideas de la libertad, y espero conocerlo pronto. No tenga dudas de que vamos a hacer Argentina grande otra vez. ¡VIVA LA LIBERTAD, CARAJO!».

También recibió felicitaciones en términos similares de figuras destacadas del mundo liberal, como el economista y catedrático español Jesús Huerta de Soto, el economista y escritor también español Juan Ramón Rallo y otros, que negaron en general que Milei pudiera ser comparado con Trump o Bolsonaro, aunque, como se ve, no es lo mismo que piensa el propio presidente argentino ni los propios Trump y Bolsonaro.

Milei no sólo es un admirador de Donald Trump, al menos desde cierto momento de su rutilante carrera política, sino que respaldó sus fantasías de haber sido derrotado por un fraude, sin ofrecer argumento alguno para sostener tal apoyo, sólo como demostración de pertenencia a una facción política. Después hizo lo mismo con Bolsonaro, con quien tiene una relación cercana de amistad política, así como con los hijos de éste.

Además de eso, en 2022, Milei participó en la Conferencia Política de Acción Conservadora (Conservative Political Action Conference, CPAC) en México, junto con personajes como Steve Bannon (ex estratega jefe de la Casa Blanca con Trump), y participó varias veces en actividades del partido político Vox en España. Milei se ubica cómodamente dentro de la llamada derecha alternativa con tintes nacionalistas y populistas cristianos.

Aunque hay liberales que parecieran no querer verlo,

Milei no ofrece dudas de su alineamiento exterior, y afirma que es lo más natural que esté junto a ellos.[2] Sus simpatías llegan también al autócrata húngaro y reconocido «no liberal» Viktor Orbán, que también celebró la victoria de Milei diciendo que esperaba trabajar con «un verdadero patriota», que es el término con el que se identifican últimamente los nacionalistas.[3]

Pero, entonces, ¿quién es y qué piensa esta nueva figura de la política internacional? ¿Se trata de un conservador? ¿Es afín a la línea insurreccional que ha tomado el movimiento de Trump? ¿Es un liberal, un libertario, un minarquista o un anarcocapitalista, como sucesivamente se ha identificado él mismo?

A todas estas preguntas trataremos de dar respuesta en este libro, escrito con urgencia durante los meses de septiembre, octubre y noviembre de 2023, para ayudar al lector a entender quién es Javier Milei, flamante presidente argentino, y qué podemos esperar de él. Y es un libro escrito también para ayudar al lector a entender esta época en la que nos ha tocado vivir, ya que, como explicaremos más adelante, no podemos entender a Milei sin entender esta época, de la que él es hijo.

En política, muchas veces, identificar las convicciones

2. «Javier Milei: "Mi alineamiento con Trump y Bolsonaro es casi natural"», *Perfil*, 29 de septiembre de 2021, <https://www.perfil.com/noticias/actualidad/javier-milei-mi-alineamiento-con-trump-y-bolsonaro-es-casi-natural.phtml>.

3. «El primer ministro húngaro Viktor Orbán asistirá a la asunción de Javier Milei», *Infobae*, 26 de noviembre de 2023, <https://www.infobae.com/politica/2023/11/26/el-primer-ministro-hungaro-viktor-orban-asistira-a-la-asuncion-de-javier-milei/>.

íntimas de un personaje u otorgarle una identidad ideológica resulta un ejercicio sinuoso. Habría que aclarar que *político* es cualquier persona que está dentro de la política, y no es una «raza» o una «casta», como dice el propio Milei. Por más que su marketing se tiña de antipolítica, él es un político, para bien y para mal, desde el momento en que hace giros repentinos acerca de quiénes son sus amigos y sus enemigos, que crea conveniencias electorales o que se deshace con facilidad de algunas promesas de campaña, como la dolarización, porque se convence de que no es viable. Si eso no es un político, es difícil imaginar qué lo es.

La que es peligrosa es la actividad del político, que lo hace peligroso a él. No depende de la personalidad, seriedad, valía o preparación de la persona, sino de que ésta utiliza el poder público, de que tiene la capacidad de alterar vidas ajenas, fortunas ajenas y reglas de la sociedad y de que pone en juego su popularidad, su ética y su ego en tal actividad. En ese sentido, alguien es un político desde el día en que se introduce en la arena de la política y debe ser interpretado con las prevenciones del sistema de incentivos (o motivaciones para estar en la política) al que está sometido, de los que algunos logran salir ilesos.

Muchas veces hemos visto figuras disruptivas que llegan al poder sorprendiendo a propios y extraños, algunas de las cuales terminan muy mal, como Alberto Fujimori o Pedro Castillo, en Perú, o Abdalá Bucaram, en Ecuador, por ejemplo. En todos los casos no llegaron ni ejercieron el poder sin considerarse políticos o pensando que el político era alguien que pertenecía a una raza maldita, con un comportamiento que no podía controlar; aunque pensaban que ellos eran distintos porque venían de «afuera» y no iban a decepcionar a nadie. Pero no, no eran distintos.

La política es en realidad un sistema de incentivos complicado. Es tan complicado que la filosofía política se ha ocupado de eso llenando bibliotecas. Y el sistema republicano, en el que estamos metidos América y Europa en el último par de siglos, busca cómo establecer un juego de pesos y contrapesos y hacer una separación de poderes con el objeto de evitar los efectos perniciosos sobre la conducta derivados del solo hecho de ejercer el poder.

Milei no escapa de esa ilusión de ser el «distinto» que viene a cambiar todas las reglas del juego y a barrer a una casta entera para colocar en los puestos a «gente de bien» y a llevar adelante «las ideas de la libertad».

En una entrevista dijo que aspira a vivir en el campo cuando deba dejar el gobierno y que su relación con el poder es diferente a la de todos. Milei tampoco es el primero que llega al poder sin interesarle éste, aunque haya hecho un esfuerzo hercúleo para alcanzarlo y haya dado giros astutos y bastante alejados de esa retórica en su corta y efectiva carrera. En realidad, la retórica del rechazo al poder de quien lo obtiene es algo que hay que tomarse con cuidado.

Milei tampoco escapa a otra regla para interpretar a un político, la que asegura que no se le debe juzgar por lo que dice, sino por lo que hace. Hasta ahora podemos saber lo que ha hecho en su llegada a la fama y al gobierno, lo que ha defendido y quiénes han sido sus referencias.

Una de las rutas más transitadas para responder a quién es Milei es hurgar en su historia y su personalidad. Ése es un camino frondoso, pues el personaje es singular. Con un pasado personal traumático y una personalidad explosiva, Milei concentra en su persona gran parte de la atención en el debate público, como ocurre con sus aliados Donald Trump o Jair Bolsonaro.

Pero Milei tiene otra dimensión, que es en la que más nos centraremos aquí: la de las ideas, las ideologías, los prejuicios y las visiones que lo gobiernan a él, a su entorno y a sus vínculos con políticos de otros países, cuestiones todas que serán las que nos permitan tener una idea de qué rumbo va a tomar su gobierno en el plano interno e internacional y hasta de algo más profundo relacionado con qué es lo que lo mueve. ¿Hará lo que dice que quiere hacer? ¿Qué parte de ello hará?

Lo importante para nosotros son las ideas que se ponen en juego y las que él defiende abierta o solapadamente, porque si hay algo común en la política es que la retórica puede no responder a los hechos, de modo que sus afirmaciones, si bien nos iluminan, tal vez no bastan para trazar ese cuadro.

Milei es un individuo excéntrico que cosecha pasiones a favor o en contra. Para muchos de sus seguidores es aquel que simplemente está tan enfadado y descontento como ellos, y que lo está por cosas idénticas o similares. Eso tiene a veces más peso que el pensamiento verbalizado o el real. Si Milei se define como un liberal libertario, pues para ellos lo liberal libertario será lo que diga Milei. Algo de esto ocurre con muchos de sus seguidores.

Mi propósito en este libro no es tanto evitar perderme en discusiones para preservar una terminología correcta en términos ideológicos, sino entender el pensamiento del personaje más allá de los discursos y las etiquetas, porque, para mayor dificultad, algunas tradiciones de ideas que se encontraban más o menos definidas están sufriendo cambios profundos. Entonces hay que referenciarlo en ese panorama cambiante.

Más que ponerle un título, es importante saber qué tiene Milei (y el «mileísmo») de libertario que planea desmantelar el Estado, de conservador que quiere regular las costumbres, de nacionalista que quiere romper el orden mundial... Se lo ha tratado de entender como partícipe de cada una de esas cosas, y lo que vemos es que celebran su ascenso tanto liberales como nacionalistas cristianos, nostálgicos de las dictaduras militares (y en muchos casos del fascismo) y autodenominados anarquistas.

¿Quién tiene razón por celebrar su ascenso? ¿Podrían tenerla todos, ninguno..., o bien se distribuye de alguna manera? Esas tendencias, ideas y antecedentes, junto con otros, están presentes en el actual presidente argentino, con la dificultad extra de vivir en este momento global, que muestra tendencias que traspasan las fronteras de Argentina y en el que también hay una redefinición y resignificación de términos como socialismo, liberalismo, izquierda y derecha, lo que hace que tengamos frente a nosotros a un Milei a veces contradictorio, asociado a grupos o ideas en principio no compatibles entre sí, metido en una tormenta en la que los conceptos con los que se analizaba la política hasta hace poco no son suficientes para explicar el fenómeno.

En eso nos vamos a aventurar para tratar de encontrar algunas respuestas.

1

En el momento justo y en el lugar adecuado

En el resultado electoral que conduce al triunfo de Milei hay una historia corta y otra larga. La corta tiene que ver con la pandemia por la COVID-19, que multiplicó los efectos de una crisis económica que ya tiempo antes había terminado con las ilusiones de reelección de Mauricio Macri.

La pandemia, la llamada «eterna cuarentena» en Argentina y la burla desde el poder a las restricciones terminaron con cualquier cuota de paciencia que aún hubiera en la población, y eso abrió las puertas a una ruptura histórica y a la posibilidad de que se depositara la fe en alguien que lo cuestionara todo.

Esto se ha dado muchas veces en muchos lugares a lo largo del tiempo, pero el agotamiento de la población no supone por sí solo que un remedio extremo que se abra paso signifique una solución, pues a veces tal remedio constituye el agravamiento del problema. Por lo tanto, no podemos evitar hacernos esa pregunta con Milei, que llega al poder representando un viraje fundamental de rumbo.

Su antecesor, Alberto Fernández, optó por las políticas más restrictivas para enfrentar la COVID-19, en lo que se conoció luego como esa «cuarentena eterna», que duró desde marzo de 2020 hasta diciembre de 2022.

Estas medidas, que en todos los países causaron un daño inmenso a las economías, pesaban enormemente sobre Argentina, un país que arrastraba una inflación insostenible, índices de pobreza récord e inseguridad creciente, y con un gobierno que termina vaciado de poder y deslegitimado por no aplicarse a sí mismo la severidad con la que trató a la gente. Eso generó la exasperación en la que los gritos de Milei en televisión terminaron representando mejor que nada el estado de ánimo social.

El mal humor se multiplicó hasta el infinito cuando el presidente Fernández fue sorprendido violando el aislamiento con un cumpleaños organizado para su mujer en la quinta presidencial de Olivos, al mismo tiempo, más o menos, que, en la cadena nacional, amenazaba con penas de cárcel a las personas que transgredieran las restricciones. Poco después se descubrió que personas allegadas al poder tenían un privilegiado y rápido acceso a las vacunas en lo que se denominó el «vacunatorio VIP». Por ahí pasaban las figuras del gobierno y sus amigos, mientras los demás debían esperar su turno.

Otro gran error de Fernández fue haber perdido la oportunidad de tener pronto las vacunas de Pfizer —después de haber sido Argentina uno de los países donde se probó, lo que le aseguraba en principio un acceso temprano— por negarse a modificar la legislación sobre responsabilidad del laboratorio. Eso hizo que el país tuviera que conformarse con la vacuna rusa o la china durante muchos meses y que los argentinos que podían permitírselo viajaran a Estados Unidos a obtener las vacunas consideradas mejores.

Quien no tenía acceso al «vacunatorio VIP» o no podía viajar, es decir, el grueso de la sociedad argentina, se vio condenado al encierro, perdiendo sus ingresos y sus vínculos sociales.

Quien parecía ser el candidato opositor que podía suceder a Fernández era un político que había sido mano derecha de Mauricio Macri en toda su carrera política y que, derrotado éste en las elecciones de 2019, entendió que había llegado su turno. Éste era Horacio Rodríguez Larreta, jefe de gobierno de la Ciudad de Buenos Aires, que cometió el error de seguir a Fernández en sus medidas restrictivas más tiempo de lo que la gente pudo soportarlo y terminó ganándose parte del odio que cosechó el presidente.

Juntos por el Cambio, el nombre que adquirió la coalición de Propuesta Republicana (PRO) —partido fundado por Macri—, con el viejo partido Unión Cívica Radical (UCR) y la Coalición Cívica-Afirmación para una República Igualitaria (CC-ARI) —de Elisa Carrió— era una firme formación de oposición cuando Macri dejó el poder, pero la derrota, como era lógico, requería de un cambio de liderazgo.

La política argentina, como la de la región sudamericana en general, tiende al caudillismo; y los caudillos no se retiran. Para Macri, aceptar que su tiempo había pasado estaba descartado, y hasta escribió un libro con el título *Segundo tiempo* en 2021. Quien colaboró con esa obra como editor, y tal vez como escritor en la sombra, fue Pablo Avelluto, quien había ocupado la cartera de Cultura durante su gobierno. Luego, Avelluto se distanciaría de Macri y Bullrich por la alianza de éstos con Javier Milei.

Rodríguez Larreta terminó con las ilusiones de Macri de volver al poder cuando aclaró que lo enfrentaría en una votación interna si fuera necesario, contienda que Macri rehuyó, pero que luego le haría pagar favoreciendo a Milei, que hizo del jefe de gobierno de la Ciudad de Buenos Aires el objeto favorito de sus ataques, insultos y hasta amenazas.[4] Eso le convenía a Macri en su pugna interna,[5] y también a Sergio Massa y Cristina Kirchner por provocar divisiones en la oposición. Todo un tobogán para Milei.

Así se definió el carácter de la confrontación interna de Juntos por el Cambio para quedarse con la candidatura a la presidencia, que en ese momento parecía asegurada para ellos. Patricia Bullrich, más cercana a Macri, y el propio Macri mostraban un acercamiento a Milei, quien los bautizó como los «halcones» de Juntos por el Cambio, mientras lanzaba sus diatribas contra las «palomas» representadas por Rodríguez Larreta.

El «jefe halcón» fue designado por esas circunstancias extrañas, habiendo sido un opositor de los Kirchner intencionalmente suave y conciliador y un presidente gradualista que no quería enfadar a nadie. Pero en Argentina funcio-

4. «Los insultos de Milei a Larreta: "Zurdo de m..., te puedo aplastar aún en silla de ruedas"», *La Prensa*, 27 de agosto de 2021, <https://www.laprensa.com.ar/Los-insultos-de-Milei-a-Larreta-Zurdo-de-m-te-puedo-aplastar-aun-en-silla-de-ruedas-505936.note.aspx>.

5. A las pugnas o confrontaciones dentro de un partido o formación política se las llama «internas» en Argentina. *(N. del e.)*

nan mucho estos climas inexplicables en los que la ficción puede mucho más que la realidad.

Parecía que el actual presiente Milei se oponía más al gobierno de la Ciudad de Buenos Aires que al nacional, tal vez intentando quedarse con la representación de la oposición; pero toda su atención estaba puesta en maltratar a Rodríguez Larreta, quien, tal vez con esa cierta soberbia de alguien que se considera invencible, lo ignoraba. Lo cierto es que Rodríguez Larreta era tratado mucho peor que Alberto Fernández por Milei y por sus seguidores, atribuyéndole incluso el fracaso de Macri como presidente, gobierno en el que no ejerció responsabilidad alguna.

Los halcones tomaron ese papel; nunca supimos de qué cosa eran halcones después de haber hecho un gobierno que, de tan gradualista, no avanzó nada. Pero en el nuevo relato eran tan halcones que intentaron llevar a Milei a las filas de Juntos por el Cambio para competir, pero sus aliados se opusieron. Con esa sola maniobra, Javier Milei, que era demasiado rebelde para ser tomado en serio como un candidato con posibilidades ciertas, quedó legitimado por lo que él denominaría la casta, y subió un peldaño en la consideración pública como alguien que era factible que pudiera alcanzar el poder.

El plan de Bullrich —y no se sabe bien si también el de Macri— era derrotar a Milei en una votación interna y que sus votos la terminaran favoreciendo. El plan falló, porque Milei no entró a Juntos por el Cambio y la superó en la primera vuelta, y también Massa, así que tuvo que jugar esa segunda parte de la campaña hablando de algo que nunca había dicho antes, es decir, de lo peligroso que le resultaba para ella que Milei pudiera ser presidente.

El destino le presentó unos planes opuestos a los suyos, y fue ella quien tuvo que dar su apoyo a Milei. Hasta fue más allá, pues se convirtió en parte de su campaña.

Esto es algo que debemos considerar al estudiar las ideas de Milei. Él cambia sus opiniones de acuerdo con sus conveniencias del momento, como lo hacen Bullrich, Macri o los peronistas. Las ideas no se matan, decía Domingo Faustino Sarmiento, un gran presidente que tuvo Argentina entre 1868 y 1874. No se matan, pero se disuelven, se confunden, se disfrazan en la política interna nacional... En el caso de Milei, las ideas están determinadas por su acercamiento o alejamiento de las personas, como veremos más adelante.

La extensión de la pandemia fue tan determinante en el cambio de estado de ánimo de la sociedad que, al principio, disparó los índices de popularidad de Alberto Fernández, haciendo creer a muchos analistas que podría inaugurar su propia base de poder, dado que había llegado ahí bendecido por Cristina Fernández de Kirchner y como personaje muy dependiente del respaldo de ésta.

La ilusión del paternalismo con el que encaró el programa anti-COVID-19 fue disuelta a causa del cinismo que supuso violar sus propias reglas como presidente al organizar la antes mencionada fiesta de cumpleaños y salir a la luz lo del vacunatorio VIP, manejos propios de lo que Milei llamaría «la casta». Ese clima favoreció mucho el surgimiento de un personaje extraño al sistema y que los repudiara a todos. Por su parte, Rodríguez Larreta vio su suerte comprometida por esa debacle porque se prestó a compartir con Alberto Fernández las medidas de control más extremas, pensando tal vez que eso lo proyectaría como el próximo presidente.

En resumen, Milei sumó a su propia campaña el desastre hecho por Alberto Fernández y la ayuda de los integrantes del gobierno anterior al de él, a cuyos ataques debía su fama.

Hasta aquí llega la historia corta relacionada con el resultado electoral que dio la victoria a Milei. La historia más larga tiene que ver con el cúmulo de ideas y tendencias políticas que entran en juego para moldear a Milei, al Milei que llega a presidente.

Ahí vamos a encontrar importantes referencias externas, como el trumpismo y el llamado «paleoliberalismo», e internas, como los nacionalistas católicos y los liberales católicos argentinos, que se confunden con ellos.

Esta última resulta una fusión paradójica y es similar a la que ocurre entre gran parte de los libertarios absorbidos por la corriente MAGA (Make America Great Again). En principio parecerían ser como el agua y el aceite, y esta cuestión es lo más importante que hay que desentrañar para entender qué es Milei desde el punto de vista de las tradiciones de ideas conocidas. El desarrollo de los grupos que siguen ideas es uno de los fenómenos más importantes e interesantes que están moldeando la realidad política en este momento.

La crisis argentina, que es el telón de fondo, se agrava en la pandemia pero lleva ya un siglo de lamentos. La cuestión económica tiene su propia historia más corta con la caída de la convertibilidad del peso y la renuncia del entonces presidente Fernando de la Rúa (1937-2019) veinte días después de establecer el denominado «corralito», que restringía la retirada de efectivo de los bancos por parte de los depositantes, en diciembre de 2001.

A partir de entonces se dan los primeros pasos que conducen a la hegemonía del matrimonio Kirchner durante doce años, que llevan adelante un desmantelamiento de lo que llamaban el «neoliberalismo» de Menem, convertido en una de las figuras más impopulares del país después de haber estado en la cima de la popularidad y a pesar de haberle entregado a De la Rúa un país en orden, aunque no exento de problemas.

El antimenemismo que ha caracterizado la política del siglo XXI hasta ahora ha hecho imposible cualquier referencia a una economía de mercado, hasta que el populismo se agotó. El agotamiento no se debió sólo a los Kirchner, sino al vacío de conceptos y de reformas indispensables que dejó Macri, más el inepto desempeño de Alberto Fernández.

Cuando Milei irrumpe como polemista, lo que estaba en discusión era el fracaso de Macri en desmantelar la herencia de los Kirchner. Tuvo Macri que hacer las cosas muy mal para que el mismo país que lo había elegido fundamentalmente por su antikirchnerismo terminara retirándole la confianza cuatro años después para dársela a Alberto Fernández, una figura que era como un producto reciclado de la experiencia kirchnerista montado en el último momento.

En su inmovilidad, Macri, el entonces halcón, había enfrentado a los «liberalotes» y también tenía militantes en las redes sociales descalificando a los críticos. Y eso, más su frustrado intento de reelección, fue el caldo de cultivo de un nuevo lenguaje anti-Estado, contra los subsidios y la inseguridad.

Fue también el momento, entre 2018 y 2019, en que Milei terminó de conformar una combinación de ideas que venía como un paquete desde Estados Unidos y que él adoptó; de alguna manera, eso lo dotó de las herramientas para configurar un populismo propio, mezcla de ideas, no siempre compatibles entre sí, y de una mitología del enfado y del descontento que buscaba demonios expiatorios.

La economía de los Kirchner se había caracterizado por un gran consumo del capital que se había acumulado en la década de Menem y por la captura, por parte de un Estado demagógico, de los inmensos beneficios de la «revolución de las *comodities*», el *boom* de la exportación de bienes básicos.

Mientras los países vecinos seguían más o menos las tendencias reformistas de la década de 1990, de acuerdo con las ideas del consenso de Washington, Argentina, traumatizada por la crisis de 2001, se había convertido en el país renegado del Cono Sur, aunque no fracturó el sistema político como ocurrió en Venezuela. Lo que los Kirchner dejaron no lo solucionó el macrismo, así que podía aparecer un tercer partido.

Por su parte, Alberto Fernández será recordado por su inoperancia, pero, a pesar de que parte de ella fue adherirse al folclore cómplice de las dictaduras en Venezuela y Cuba, nunca comprometió la vigencia del sistema democrático ni las libertades políticas. En ese sentido se pareció más a Lula da Silva que a Maduro, sólo que en una versión inoperante y débil.

Todos estos acontecimientos ocurrieron de acuerdo con ideas, pero, además, dieron forma a otras ideas, de la misma manera en que la crisis de 1930 en Argentina llevo al auge del fascismo y, después, del peronismo, con su propio manual de intervencionismo, relatos y épica. Vamos a adentrarnos en todo ello para ubicar a Milei.

2

Entender a Milei es entender una época

Milei surge de una combinación de acontecimientos y es un fenómeno ideológico particular que no es tan fácil de clasificar según los manuales, porque, por propia elección y a pesar de que algunos lo quieren negar, forma parte del fenómeno de la nueva derecha. A partir de ahí, a veces se llama «libertario» a algo difícilmente clasificable en ese término, pero no es la única clasificación que ofrece problemas entre el cúmulo de pensamientos y miedos que se convocaron y que empujaron su candidatura a la cima del poder.

La necesidad del periodismo de simplificar las cosas (que es a lo primero a lo que el público accede), más el auge del lenguaje todavía más simplista de las redes sociales, dificulta la comprensión, y por eso hace falta un desarrollo más extenso de la cuestión.

Para empezar, Argentina es un país que vive rememorando un pasado de prosperidad, educación y florecimiento cultural que, tras un momento de quiebra, recurrió durante mucho tiempo a una sucesión de populismos civiles y militares, a veces con altas dosis de violencia, rompiendo una y otra vez las reglas de juego para «arreglarlo todo» mediante un uniformado que impusiera un orden nunca alcanzado. En medio de la guerra fría, ese proceso repetitivo terminó en tragedia con el horror de los desaparecidos, que fue la última experiencia de ese tipo sufrida por el país.

Ese espíritu de esperanza en un hombre providencial, que con su voluntad puede poner las cosas en su lugar, revive en muchos de los que depositan expectativas exageradas en Milei; y, de alguna manera, él sabe interpretarlas y ponerlas a su favor haciendo referencias místicas y configurando un partido que incluye a los nostálgicos de los golpes de Estado.

En aquellas dictaduras, más allá de los aspectos violentos, muchos esperaban que el hombre fuerte promoviera una economía de mercado a la que, según un reduccionismo muy extendido propio de esta acumulación de ideas, se denomina liberalismo.

Es interesante que, mientras tuvo su «partido militar» —me refiero con esto a los militares actuando como una fuerza política que irrumpe en el poder con su propio programa, aunque no participe en elección alguna—, Argentina careció de una expresión de centroderecha liberal que fuera competitiva en las urnas. Con los fracasos militares se esfumaban las simpatías por el llamado neoliberalismo, porque, de hecho, muchos identificados como liberales habían depositado sus esperanzas en ese tipo de aventuras tan incompatibles con sus principios expresados. Eran simplemente los más ingenuos de todos, porque los golpes militares tenían apoyo civil con poder real proveniente de los dos grandes partidos, pero los liberales pagaban las facturas al final, por mezclarse con quienes no debían.

Lo cierto es que, hasta la llegada del peronista Carlos Menem al poder, no hubo reformas de mercado que torcieran el destino estatista trazado por el nacionalismo local, iniciado en las primeras décadas del siglo XX.

Menem, un converso del islam al cristianismo, fue rechazado por los liberales católicos porque para ellos no era suficiente, y eso que no sólo era un reformador económico, sino también un conciliador. Intentó por todos los medios cerrar el capítulo violento de Argentina. Como peronista, Menem terminó ganándose el respeto de muchos antiperonistas y puso todos sus esfuerzos en acabar con enfrentamientos históricos.

El macrismo no intentó nada parecido. Macri quería a toda costa que no se lo identificara con Menem porque eso lo perjudicaba respecto a la opinión pública, aunque había simpatizado con su gestión antes de ingresar en la política. Prefirió vestirse con los ropajes del folclore de una izquierda europea o estadounidense; tanto que, junto con su embajador en Estados Unidos y exministro de Economía kirchnerista Martín Lousteau, tomaron partido por Hillary Clinton de manera bastante impropia en su disputa electoral con Donald Trump en 2016.

Es un misterio por qué Trump, un hombre vengativo y rencoroso, no le hizo pagar nunca a Macri aquellas expresiones de simpatía y esperanza puestas en su rival. Probablemente nunca se enteró de ello.

Eso, por supuesto, cambió en la etapa del nuevo Macri, halcón alejado del poder y girando hacia la nueva derecha que terminó reuniéndose para la foto con Trump en su resort Mar-a-Lago, en Palm Beach (Florida), en abril de 2022.

El término *macrismo* no significó nada como contenido, pero sus militantes pasaron de insultar a «liberalotes» a insultar a los que tenían objeciones por el «liberalote» que ascendió a la presidencia, sin haber explicado nunca el viraje. En el fondo, la parcialidad de Macri querrá perfumarse como europea, pero también sigue a un caudillo.

Con su fusión con nacionalistas católicos y el grupo minúsculo de nostálgicos del partido militar, Milei ocupó el lugar de aquellos salvadores con uniforme, pero con capacidad electoral, y vino a llenar el vacío de esa derecha y la conformó según el modelo trumpista.

A la vez que su discurso se identifica con las reformas de mercado, sus movimientos políticos favorecen a esta versión reciclada del espíritu de los golpes militares, sin muchos militares incluso, representada en su fórmula por la vicepresidenta Victoria Eugenia Villarruel. Eso sacó a ese sector del ostracismo, aunque electoralmente no le sumaban nada a Milei. No fue un cálculo electoral lo que lo unió a los nacionalistas católicos, sino su deseo de conformar una derecha del estilo MAGA de Trump, a quien muchos de los que apoyan a Milei habían catalogado de antiliberal previamente.[6]

La diferencia es que, en el capítulo argentino, la cabeza de este raro matrimonio nacionalista e integrista religioso con liberales está en uno que habla con el lenguaje de estos

6. Benegas Lynch, Alberto, «La contracara del sueño americano», *Infobae*, 1 de agosto de 2015, <https://opinion.infobae.com/alberto-benegas-lynch/2015/08/01/la-contracara-del-sueno-americano/index.html>.

últimos. En general es al revés. Para algunos, eso basta para quedarse tranquilo en cuanto a que será el agua y no el aceite lo que prevalezca, obviando todo análisis sobre por qué se da esta unión.[7]

El enfado, el enojo, la idea de «que se vayan todos y no quede ni uno solo», que era un lema de la calle cuando cayó De la Rúa y después repitieron los militantes de Milei en sus cánticos, es la sociología compartida de Milei y ese partido militar convertido a la política democrática.

La versión argentina de esta combinación tiene un tinte de ideal pinochetista, en alusión al dictador militar que, a la vez que ensangrentaba Chile, fue eficiente en remover los obstáculos económicos que el intervencionismo socialista de Salvador Allende, depuesto por él, había provocado llevando al país trasandino al desastre.

Ésta es una dualidad que pasa de lo meramente episódico a conformarse como una ideología de la nueva derecha moralista, militarista, partidaria de la mano dura y de la libre empresa a la vez. Eran los mismos objetivos conflictivos del pasado que unían a militares con liberales, lo cual nunca daba el resultado deseado por ninguno; y ahora se esperaba eso de una derecha populista, xenófoba, nacionalista y antiminorías semejante a la de Trump.

Desde esa fusión se empezó a hablar de ser liberal «sólo en lo económico», para no tener que defender la libertad de nadie cuando la política de encender hogueras contra quienes no recibían la aprobación se pusiera en movimiento. Se

7. «Javier Milei no es Donald Trump» [vídeo], YouTube, s. f., <https://www.youtube.com/watch?v=NaOE2Yfv9IU>.

identificaron con la estadounidense bandera de Gadsden, que simboliza al pensamiento liberalista clásico y libertario con una víbora y la leyenda «Don't tread on me» [No me pises], pero la suya era una versión mutilada que parecía decir: «Písalos a ellos».

El problema es que el dinero huye a los objetivos definidos como colectivos y que la libertad de los mercados requiere un marco institucional estable, que nunca puede depender de una persona. Pero eso que se esperaba con los militares era parte del sistema político *de facto* de nuestros países, lo que a su vez hacía que la derecha no se organizara democráticamente y que el liberalismo se asociara al autoritarismo, por curioso que parezca.

En la primera parte de este siglo hemos visto a la izquierda revolucionaria reconvertirse en el socialismo del siglo XXI, y, de la misma forma, ahora estamos asistiendo al mismo proceso de la derecha conservadora y militarista cristiana, que ingresa en la democracia trufada con etiquetas del liberalismo.

La versión que representa en parte Milei, como la representó Bolsonaro y pretendió representarla Antonio Kast, no tiene el elemento militar físico, los tanques, pero sí los elementos morales e ideológicos de esos golpes, que eran el nacionalismo religioso, el desprecio por la modernidad y la disciplina de la moral personal, apoyados en el discurso de que las costumbres estaban comprometidas, Occidente decaía y todo aquello... Ahora, además, a diferencia de lo que pasó en Argentina, y siguiendo el modelo chileno, ese simbólico partido militar dice aceptar las reglas de juego del mercado para la economía y la democracia a fin de acceder al poder.

No es que Milei haya puesto a una nacionalista ultraconservadora como Villarruel como su vicepresidenta por simpatías con ese sector, es que su partido está hecho de nacionalistas de ese estilo, integristas religiosos de grupos de derecha (como el Opus Dei), peronistas a la vieja usanza y gente que, a pesar de su discurso anticasta, representa a las mayores castas entre todas las castas en sus alianzas en el interior del país. Villarruel no es la excepción, sino la regla.

Su referente en la provincia de Buenos Aires, y fallido candidato a gobernador por dicha provincia, es Ricardo Bussi, hijo de Antonio Domingo Bussi (1926-2011), uno de los últimos interventores militares y luego gobernador electo de la provincia de Tucumán, que fue condenado a cadena perpetua por crímenes de lesa humanidad en 2008. Lo que no hay dentro del partido de Milei son liberales capaces de sostener un discurso de ese tipo, y sí hay algunos conversos de último momento que no parecen entender mucho al respecto.

En esto debemos apartarnos del recitado del partido triunfante, porque no es allí donde encontraremos las ideas correspondientes. Mientras tanto, por ejemplo, Milei repite como un mantra que «el liberalismo es el respeto irrestricto del proyecto de vida del prójimo», algo que hoy por hoy podría ser tildado de progre, es decir, de una corriente que, en términos concretos, él mismo califica de marxismo cultural, como lo hizo cuando el jefe de gobierno de la ciudad de Buenos Aires tuiteó celebrando el día del orgullo LGBTQ+ en un mensaje de tolerancia.

«En un nuevo Día de la Lucha contra la Discriminación

por Orientación Sexual e Identidad de Género, sigamos construyendo una Ciudad respetuosa, sin odios, libre de prejuicios y que valora la diversidad. Todas las personas tienen derecho a vivir en libertad», escribió Rodríguez Larreta en ese tuit en 2021.

La respuesta de Milei no se hizo esperar: «Aquí el zurdo de @horaciorlarreta tomando partido por el marxismo cultural... Eso sí... según los glopelotudos el espacio de AVANZA LIBERTAD es el funcional a los KKS... ¿Acaso creen que pueden erradicar al socialismo K con el socialismo de JxK? QBSLJxK».

Aclaración terminológica: «glopelotudos» significa «globalistas pelotudos», lo que es una adhesión al relato antiglobalización de la derecha radical actual. Los derechos LGBTQ+ y las personas que marchan, según esta versión de los acontecimientos, son una conspiración de los organismos internacionales, y las personas LGBTQ+ son el marxismo cultural. Para ser «paleoliberal» (o «liberal paleo») —que luego veremos qué es—, el rito iniciático requiere practicar esta forma de homofobia politizada. Pero aclararán que no tienen nada contra las personas LGBTQ+ mientras lo les saquen su dinero, con lo que ya diseminan la idea de que esas personas vienen con la intención de quedarse con algo de los demás. Eso es lo que hace Milei cuando Rodríguez Larreta celebra la diversidad aun sin enviarle dinero público a nadie. La defensa de los derechos LGBTQ+ es definida como socialismo —después veremos de dónde viene eso—, y Milei, como se sabe, es un luchador contra el socialismo.

Por eso, hoy hay que aclarar todas las caracterizaciones

ideológicas al detalle, porque hay una distancia muy grande entre los enunciados y la realidad de lo que se piensa. Y va desde el «respeto irrestricto a los proyectos de vida ajenos» hasta la difusión de la homofobia constitutiva de la actual derecha. No hay aspecto de la propuesta que expone Milei que pueda identificarse con la promoción de respeto alguno contra personas diferentes que, de alguna manera, sea resistido socialmente y que su movimiento cobije. Al contrario, unirse a la derecha actual, conformar un partido como MAGA, implica considerar lo distinto como infección cultural; y ese tuit contra Rodríguez Larreta comparte esa línea de pensamiento. La adhesión a esta descalificación por parte de sus seguidores, a los que les repite una y otra vez la frase del «respeto», fue unánime y pasional.

Más aclaraciones sobre el tuit de Milei: Avanza Libertad era el partido del también economista José Luis Espert, un candidato portador de ideas liberales. Espert no se adhería a la derecha radical ni llevaba como bandera la purificación moral contra el «marxismo cultural», y, por lo tanto, era considerado un enemigo por el catolicismo nacionalista y el liberal, un progre, y era maltratado sin piedad en las redes. (Avanza Libertad fue disuelto en mayo de 2023 para fundirse con el partido de Macri, Juntos por el Cambio.) Y con los «KKS», Milei se refiere a los kirchneristas.

La retórica dual de los proyectos de vida y las ideas de la libertad y cómo se olvidan hablando de ciertas cosas son la gran contradicción que anida en toda la estructura partidaria de Milei y en sus apoyos externos.

Sus seguidores captan perfectamente el mensaje mixto porque reaccionan y se ensañan con cada persona de una minoría en las redes. Son «antimarxismo cultural», esto es, se oponen a las teorías sobre el género por considerarlas comunistas, y rechazan tratar problemas de segregación porque para ellos no existen nunca y los consideran como un mero subterfugio para atacar a los «normales», de lo cual se deben victimizar ellos mismos.

Entender a Milei es entender una época. Vivimos en la era de lo que Ralph Keyes denominó la «posverdad» en su libro *The post-truth era* (2004), anticipándose a tendencias sociales que se hicieron más evidentes desde 2016. Nuestro personaje, Milei, es el producto de un relato muy particular en el que las expresiones de ideas deben ser desmenuzadas, en el que los hechos objetivos son reemplazados por las visiones del grupo, y ahí es donde debe ubicarse la dualidad de Milei, en la que vive tan cómodamente. Esa dualidad es cómoda para él porque no está sometido al mismo escrutinio de veracidad que se exigía a los políticos con anterioridad, al igual que ocurre con Donald Trump, que vive bajo su propia exposición de hechos hasta para contabilizar los resultados electorales, y para sus seguidores está bien lo que él diga. Así, Milei también se adhiere a la insostenible idea de que Trump perdió por fraude.

Si exploramos la historia política argentina del último siglo, nos vamos a encontrar con que hay una guerra por el relato del fracaso. De un lado hay una visión que vive apegada al cuestionamiento de la era dorada de Argentina y habla de su lado oscuro, una visión que se vuelve populista y decide ignorar las restricciones matemáticas del presupuesto público; y hay otra visión que busca volver el tiempo atrás y cae de manera recurrente en la búsqueda del hombre providencial que venza a «los otros» para devolver al país a su época de gloria. Para éstos, si no estuvieran los peronistas, Argentina sería un vergel; para los otros, todo es cuestión de seguir gastando sin dudar.

Es como una eterna guerra civil retórica, con momentos de guerra civil real. Más de un siglo atrás, el sobresaliente pensador liberal Juan Bautista Alberdi (1810-1884) había dado con la fórmula para hacer de dos bandos irreconciliables un solo país. Después de haber influido decisivamente en el sentido que tuvo la Constitución de 1853 que siguió a la derrota de la tiranía de Juan Manuel de Rosas en 1852, señaló lo siguiente:

> [...] son liberales que entienden la libertad como la entendían Rosas y Quiroga —como traición a la patria, cuando se emplea contra sus actos u opiniones de ellos—. Y si así no la entienden, así la toman y practican, que es más inmoral, en tal caso, que el caso de Quiroga y Rosas, cuya ignorancia política podía explicar su ignorancia de la libertad [...]. Son liberales para quienes el disentimiento de opinión es enemistad y guerra: el disidente es lo mismo que el enemigo. Es un liberalismo fundido en el molde de la Iglesia católica romana: la menor libertad de opinión, la menor disidencia, es herejía y cisma, razón de excomunión y proscripción. Ésos son los que están empeñados en copiar las libertades de los anglosajones de Norteamérica. Se creen libres, porque quieren su propia libertad... ¿Hay un salvaje o un animal feroz que no ame su libertad como el hombre más civilizado? Es el respeto a la libertad del otro lo que distingue al honrado y verdadero liberal, como el hombre de bien es aquel que respeta los bienes

ajenos, no los propios, nadie puede ser ladrón de sí mismo, ni tirano de sí mismo.[8]

Como se ve, nunca estuvo tan claro en la historia del país qué es liberalismo o si verdaderamente existe una división entre «civilización y barbarie», otra dialéctica de la que hablaba otro pensador y expresidente transformador decimonónico, Domingo Faustino Sarmiento (1811-1888). De manera que, también en Argentina, la palabra *liberalismo* vive según su propia historia y debe ser explorada más allá de las particularidades del momento presente.

Ahora se nos plantea algo parecido a aquellas circunstancias en las que Alberdi se encontró con un espíritu o espectro pendenciero a destiempo. El espectro actual es el del peronismo, una facción que pasó por transformaciones ideológicas también y que en los últimos treinta años defendió desde el liberalismo, con Menem, hasta el izquierdismo nacionalista nostálgico, con los Kirchner. Hubiera habido seguramente una etapa diferente con Sergio Massa, de haber triunfado, pero nunca lo podremos comprobar.

Oponerse al peronismo, por lo tanto, requiere también aclaraciones ideológicas que no se hacen porque es más sencillo hablar de esa facción enemiga como un todo uniforme.

Lo que está claro es que, con Milei, Argentina trata de salir de esas dos décadas dominadas por el populismo na-

8. Alberdi, Juan Bautista, *Escritos póstumos*, tomo XV, ed. de Juan Francisco Cruz, Imprenta Juan Bautista Alberdi, Argentina, 1900, <http://www.bibliotecadigital.gob.ar/files/original/13/1328/alberdi-juan_escritos-postumos_t15_1900.1.pdf>.

cionalista de izquierda, exponente de un folclore nostálgico de las ideas de liberación socialistas de los grupos armados de las décadas de 1960 y 1970, similar al chavismo de Venezuela desde el punto de vista del enfoque, aunque nunca llegó a los niveles de autoritarismo de las dictaduras de Chávez y Maduro.

Esa referencia ideológica a una juventud (violenta) del pasado actuó con los Kirchner como un mito fundacional que cubría un sistema de dominación basado en el clientelismo, la prepotencia, el maniqueísmo y una red de corrupción de proporciones monumentales.

En el kirchnerismo, la economía y la corrupción se ponían al servicio de un proyecto de poder eterno, no de un ideal socialista. Sin embargo, no había una sistemática violencia política. Aunque esto no quiere decir que no la haya habido. Queda aún la duda acerca del destino del fiscal Alberto Nisman, quien preparaba una denuncia por traición contra Cristina Kirchner por el memorando firmado con Irán por la investigación del atentado a la embajada de Israel en Buenos Aires; Nisman fue encontrado muerto en su departamento dos días antes de acudir al Congreso Nacional a exponer la denuncia, y su cadáver presentaba todos indicios de un suicidio que, de cualquier manera, la mitad del país no cree.

La gran obediencia y genuflexión que el sistema político, los medios de comunicación, los intelectuales y los empresarios mostraron durante los primeros «años K» (de kirchnerismo), no se debieron a amenazas de violencia física, sino al uso del intervencionismo estatal para causar daño económico y al despliegue de investigaciones fiscales para provocar temor. En Argentina, no hubo una oposición hasta el año 2007, cuando se produce una ruptura porque Cristina Fernández de Kirchner pretendía llevar las retenciones a las exportaciones agropecuarias a límites intolerables. Las protestas en las rutas de lo que se conoció como la rebelión del campo, tuvieron el efecto del niño denunciando al rey desnudo. Justo a partir de ahí, cuatro años después de que este matrimonio se hiciera cargo del poder, empezó el divorcio entre los principales medios de comunicación y el oficialismo.

Esas dos décadas de kirchnerismo, con el interregno de Mauricio Macri, que se caracterizó por no deshacer el entuerto y terminar devolviéndole el poder a ellos, acabaron con el gobierno títere de Alberto Fernández, que administró de la peor manera posible las consecuencias de la pandemia, pero que, debe admitirse, no cultivó los rasgos autoritarios de sus padres políticos.

El autoritarismo y los errores que implicó la gestión de la pandemia no puede asociarse a una posición ideológica determinada, sino a la inexperiencia frente a un suceso extraordinario, y fueron errores en los que cayeron gobiernos de todo tipo en el mundo. Ningún beneficio le traía al poder abusar de medidas preventivas y restrictivas cuando ya eran obviamente impopulares. Dejando esto de lado, el de Alberto Fernández fue un gobierno tan inepto como el de Fernando de la Rúa, pero no implicó una amenaza para las instituciones o el sistema democrático, más allá de un intento absurdo de juicio político a la Corte Suprema que quedará en la nada.

De hecho, pese a que Karina Milei, hermana y persona

de mayor confianza del presidente, denunciara anticipadamente que habría un fraude contra ellos durante la segunda vuelta (o balotaje), siguiendo así el manual de Trump y Bolsonaro, no sólo no lo hubo, sino que la victoria los favoreció y nadie la discutió.

Si volvemos al presente, ubicar a Javier Milei en un espectro de ideas requiere un cúmulo de referencias, un análisis de los debates actuales y una descripción del sentido de palabras como *liberalismo*, *socialismo*, *nacionalismo religioso* o *conservadurismo*. En los últimos años, todas estas palabras han sufrido mutaciones importantes. Explicar a Milei, por lo tanto, requiere o merece explicar antes las ideas de la época en Argentina y en el mundo, porque sería un error pensar que definir a un libertario hoy sea lo mismo que hacerlo unos años atrás.

3

Ideas y emociones

Javier Milei surge del descontento y del desánimo, como ocurrió en su momento con otros *outsiders*, como Fujimori en Perú, Hugo Chávez en Venezuela o Abdalá Bucaram en Ecuador. A Milei se lo puede ver como un liberal extremo si nos quedamos con su retórica promercado, su idea de eliminar el Banco Central de la República Argentina o su retórica contra los impuestos; y también como un hijo dilecto del anarcocapitalista Murray N. Rothbard, por ejemplo, por hablar de cosas como ventas de órganos y bebés, aunque eso no lo sostuvo tras recibir las primeras reacciones hostiles. Pero tal vez se lo debería considerar un moderado, porque no quiere que esa libertad traspase los límites de la religión ni del nacionalismo.

El actual presidente argentino es de los que creen que la liberación de las minorías sexuales es una suerte de infección cultural de Occidente y que el Estado no es custodio de los individuos, sino de un orden familiar particular. Adoptó como propias otras creencias de la nueva derecha, como la existencia de una conspiración global para imponer lo que asocia con la Agenda 2030 de Naciones Unidas, como si fuera la voluntad diabólica de una élite globalista..., entre otras mitologías. En ese aspecto, Milei podría ser calificado en algunos casos como conservador; en otros, como fanático religioso antimoderno; e incluso como un admirador del neofascismo. Le cabría cualquiera de esos apelativos, dado que sus amores van desde Juan Bautista Alberdi hasta el autócrata iliberal Viktor Orbán.

Es un «presidente del posmodernismo», podrían decir paradójicamente los que piensan que el posmodernismo es lo que está arruinándolo todo, a pesar de que son ellos quienes quieren detener los cambios de la sociedad que atribuyen a ese pensamiento filosófico.

Pero, para complicar un poco más el análisis, Milei no siempre pensó de esa manera, eso es algo que aparece con sus alianzas personales con el nacionalismo católico. Las llamo «personales» porque no encuentro que le hayan sumado voto alguno como para llamarlas electorales.

Antes de ese punto, que podemos ubicar en 2018, Milei decía que, mientras la izquierda quería controlar el bolsillo de la gente, la derecha quería meterse en su cama (para controlarla). Hablaba de sexo tántrico y de tríos sexuales, y no mostraba visión religiosa alguna. Sin embargo, el Milei de la campaña electoral responde a los parámetros y obsesiones de la nueva derecha, ésa es la razón por la que los miembros de esa facción en el mundo, desde Trump a Orbán, desde Santiago Abascal a Jair Bolsonaro, se han mostrado exultantes ante la victoria de uno de los suyos.

Es cuestión de ver qué gusto termina teniendo esa sopa,

para lo cual hace falta tiempo; pero lo que es sintomático en parte de los que sólo quieren hablar de un liberalismo presente en Milei es que niegan la existencia de la otra parte. Mientras Milei se abraza con Bolsonaro y expresa que comparte sus valores, hay quienes ni hablan de tal cosa para describir al personaje o niegan directamente que el expresidente de Brasil se pueda comparar con él. Milei dice de él mismo cosas que ese tipo de liberales negacionistas niegan.

Este elefante en la habitación del liberalismo es un fenómeno que trasciende las fronteras de Argentina y que tiene que ver con la transformación de la que antes hablaba; pero Milei es el primer experimento en el que la nueva derecha no juega a un candidato que directamente apela al nacionalismo cristiano y es seguido por los liberales, sino a uno que apela a cierto liberalismo económico y es seguido por los nacionalistas católicos y hasta expresos partidarios del fascismo y muchos liberales..., yo creo que algo perplejos.

Cada vez que Milei extremaba el discurso en la campaña hablando de ventas de órganos y de bebés, de ventas de armas o de libre contaminación, después negaba haberlo propuesto, y sus allegados y él mismo hablaban de conspiraciones (de Horacio Rodríguez Larreta, primero, de Patricia Bullrich, después, y del gobierno kirchnerista, al final) en las que se ponían palabras en su boca que él no había pronunciado. Pero sí las había pronunciado.

Que portar armas fuera libre fue una de sus iniciativas más tempranamente anunciadas como forma de remediar la inseguridad, que es un asunto cada vez más grave en todo el país. Está incluso en su plataforma.[9] Pero, después, Milei, con desparpajo, decía que jamás había dicho que llevaría a cabo esa medida.

Durante los cuatro últimos años antes de las elecciones que ganó, Milei captaba toda la atención poniendo sobre la mesa este tipo de temas, además de hablando de los problemas de la macroeconomía. Cosas que ningún asesor de campaña le hubiera sugerido que mencionara porque podría significar el fin de la carrera política de cualquiera, en Milei no causaban ese efecto, sino que le atraían cada vez más simpatías como ha pasado con otros personajes populistas de esta era.

No importaba si al lado de estas estridencias se pronunciaba como un conservador absoluto en materia de aborto y se oponía a la liberación del consumo de drogas porque, según él, los adictos generan mucho gasto bajo un estado de bienestar. Había dos Milei que convivían sin conflicto en la cabeza de sus partidarios, la diferencia era que al liberal extremo se lo negaba tras un poco de resistencia, mientras que al conservador se lo sostenía a capa y espada.

Lo nunca desmentido por Milei es su enfoque conservador. Todo lo demás ha sido flexible y negociable, incluso cuestiones económicas en las que dijo que nunca cedería,

9. Gardel, Lucía, «Patricia Bullrich, en el segundo debate presidencial 2023: "Javier Milei, mirá tu plataforma. Artículo 17. Desregulación (del mercado) de armas"», Chequeado [web], 9 de octubre de 2023, <https://chequeado.com/ultimas-noticias/patricia-bullrich-en-el-segundo-debate-presidencial-2023-javier-milei-mira-tu-plataforma-articulo-17-desregulacion-del-mercado-de-armas/>.

como la dolarización o el cierre del Banco Central de la República Argentina. En la transición, antes de asumir el cargo, Milei ya se había deshecho del ideólogo de esa dolarización que había anunciado, el economista Emilio Ocampo, al que luego desestimó como candidato a presidir el Banco Central que iba a cerrar.

Éste era un tema como para reafirmar el liberalismo del liberal polémico, y no fueron pocos los que desde ese lugar lo defendieron,[10, 11] pero Milei los dejó como los únicos defensores de algo en lo que, al final, él mismo mostró que no creía tan realizable, por la simple razón de que las reservas de dólares para convertir los pesos son inexistentes. Antes había llamado «fracasados» a unos doscientos economistas que habían expresado sus objeciones al respecto, invocando la Biblia a su favor.[12]

Contradictorio o no, Milei contó con la ayuda de sus rivales y de los que más lo discutían. Siempre lo hicieron en el sentido que más le convenía al entonces candidato, que era extremarlo en su liberalismo. Lo que parecía que lo iba a destruir, como la venta de bebés y órganos, es lo que más ocupó a sus atacantes. Aunque él ni llegara a explicar bien

10. Rallo, Juan Ramón, «¿Es la dolarización "un disparate"?», *El Confidencial*, 4 de septiembre de 2023, <https://blogs.elconfidencial.com/economia/laissez-faire/2023-09-04/es-dolarizacion-un-disparate_3728288/>.

11. Ravier, Adrián, «Reflexiones a la carta de los 200 economistas que se oponen a la dolarización», *Infobae*, 12 de septiembre de 2023, <https://www.infobae.com/opinion/2023/09/12/reflexiones-a-la-carta-de-los-200-economistas-que-se-oponen-a-la-dolarizacion/>.

12. «Javier Milei calificó de "fracasados" a casi 200 economistas que criticaron la dolarización», *InfoRegión*, 11 de septiembre de 2023, <https://www.inforegion.com.ar/2023/09/11/javier-milei-califico-de-fracasados-a-casi-200-economistas-que-criticaron-la-dolarizacion/>.

lo que quería decir, porque parecía hablar de oído del tema, esto tapaba su otra mitad de soldado de la nueva derecha.

No es que las propuestas que resultaban más escandalosas tuvieran que ser sostenidas sí o sí por un programa liberal, pero, desde el marketing, ponían al candidato en el extremo liberal; y la izquierda argentina cayó en el error de hablar de lo que a ellos les molestaba más del candidato, que eran sus pecados del lucro, por llamarlos de alguna manera, sin caer en la cuenta de que su fracaso económico había generado espacio, después de veinte años, para reformas de mercado.

No importa que fueran disparates o genialidades, esas propuestas de Milei hablaban igualmente de un candidato que no le temía a nada, ni siquiera a la impopularidad de unas reformas económicas que se necesitaban de forma acuciante. Mientras quedaba como alguien muy liberal, Milei cambiaba el enfoque y el tema y abandonaba unas propuestas u otras, haciendo así perder vigencia a las críticas. Los llevaba hacia un callejón sin salida, y nunca discutieron otras cosas.

Ni iba a liberalizar la tenencia de armas ni iba a llevar adelante lo que no han sido más que especulaciones en el ámbito académico, como la venta de órganos y bebés. Como se dice entre la gente de campo en Argentina, «se le fueron al humo y sólo consiguieron vender humo». En cambio, dejaron completamente tranquilo y sin cuestionamientos su lado conservador. No había críticas a su acercamiento a la derecha radical desde Juntos por el Cambio, tal vez porque personajes como Macri y Patricia Bullrich soñaban con terminar representando a esa franquicia que cuenta con grandes impulsores en el exterior; cambiaban sus ropas pasando de las de la socialdemocracia europea a las de la rebeldía MAGA, y lo hacían como quien descubre un nuevo gusto favorito de helado.

Ese espacio dado por sus competidores proporcionaba a su coalición el margen impune para constituir un partido con nostálgicos del partido militar, como su vicepresidenta Victoria Villarruel o, en Tucumán, Ricardo Bussi, además de hacer listas sin liberales para diputados o senadores. Nadie vio el otro lado del proyecto político, al menos, quizá, hasta la última etapa de la campaña, después de que Milei y Villarruel hablaran de los desaparecidos y de derechos humanos.

Les resultó muy difícil a los medios de comunicación y a los competidores de Milei metabolizar a un rival al que había que discutirle su exagerado liberalismo, militarismo, conservadurismo y teocratismo al mismo tiempo; es decir, su exceso de liberalismo y su escaso liberalismo a la vez. Los críticos, por lo tanto, quedaban un poco desconcertados, y las redes sociales castigaban a quienes lo cuestionaban; así que la facción oficialista logró un asombroso y alto nivel de autocensura en mucha gente que no quería recibir una andanada inmensa de insultos. Además, todos creían que no era necesario profundizar demasiado..., porque no iba a ganar.

En medio de la crisis y la frustración social que trajo el confinamiento por la COVID-19, Milei captó muy especialmente la atención de los jóvenes, los cuales estuvieron privados durante dos años de su vida social, algo absolutamente crucial en esa etapa de la vida. Eran los mismos que, además, veían sus esperanzas frustradas a causa de una economía siempre al borde de la hiperinflación y que no ofrecía oportunidades. El populismo de Milei les suministró más malos a quienes culpar que ideas de fondo. Los malos eran desde Larreta hasta los transexuales, desde los ateos hasta los liberales tildados de «progres»; en un segundo plano quedaron los kirchneristas.

Milei gritaba e insultaba por ellos a los políticos y a los economistas; por lo tanto, sus sentimientos llegaban a ser vistos como los mismos que los de la gente que iba a representar más tarde. Se convirtió en el vengador, y hasta se vestía como un superhéroe para demostrarlo.

Al mismo tiempo, su peculiar o extraña fisonomía, su pelo anárquico, su carácter explosivo y sus extravagancias han sido los elementos que le permitieron llegar a todas las capas socioeconómicas de la población argentina en la televisión y en las redes. Identificarse con él se convirtió en la forma de rebeldía de la nueva generación. Milei siempre fue muy «tiktokeable».

Sus gritos se asemejan a los de otro personaje singular de Argentina, apodado El Tano Pasman,[13] un fanático del club de fútbol River Plate que apareció en un vídeo que se hizo viral mientras veía frente al televisor a su equipo y profería alaridos desaforados reclamando tal o cual acción de los jugadores con apasionados insultos. El mismo tipo de simpatía que despierta el fanatismo y desenfreno de El Tano por la religión del fútbol lo logró Milei tratando la po-

13. En Argentina, *tano* es una manera de decir «italiano o de origen italiano».

lítica y a los políticos argentinos como en el imaginario de ese país frustrado merecían, como los jugadores que no marcaban goles más que en contra.

El enemigo del superhéroe Milei no era el Boca Juniors, sino el Estado y esos que él bautizó como «la casta», cuya definición se fue afinando, porque entraban o salían de ese purgatorio distintos personajes según se iban llevando con el candidato. Pertenecer o no a la casta maldita dependió siempre de lo cercano a Milei que se encontrara cada uno en cada momento.

Mauricio Macri, Patricia Bullrich o los sindicalistas pueden entrar o salir de esa categoría de una semana a la otra. Un día pueden ser tildados de fascistas, de comunistas y hasta de terroristas, y al día siguiente, de liberales y de halcones, opuestos a las palomas en su propio imaginario. Como pasa con Trump o pasaba con Perón, los caprichos y contradicciones de Milei son impunes y no alejan a sus seguidores, sino que los fidelizan; y él lo sabe.

Por esas razones es por las que hay que retirar mucha espuma para desentrañar cuáles son las ideas que lo mueven, cuáles son sus proyectos, cuál es su posición frente a los dilemas políticos del mundo y a las grandes líneas ideológicas de la actualidad, que, para mayor complicación, se encuentran bastante confundidas, como veremos. Esto es así porque, en la discusión pública, es mucho más atractivo comentar, defender o criticar estos aspectos suyos que desatan pasiones, visitas en internet e índices de audiencia televisiva.

A su carácter extraño como personaje se suma esa dificultad de las ideas en movimiento. Lo defienden por igual quienes se identifican a sí mismos como nacionalistas e integristas religiosos y quienes se dicen liberales y se han cansado de explicar por qué Milei es uno de ellos —pese a despertar tantas simpatías entre los que, se puede decir, siempre han odiado el liberalismo.

En la era de las redes sociales, especialmente en el campo de batalla de Twitter (ahora X), Javier Milei logró encajar a la perfección en ese universo. Se convirtió en emblema de una lucha contra los «políticos ladrones»[14] y en el liberador solitario que les devolvía a esos personajes grises y charlatanes un poco de su maltrato.

Su irrupción en la política ocurrió cuando el kirchnerismo se volvió *light* —o herbívoro, como se decía del ultimo Perón— con el presidente Alberto Fernández, en quien Milei había depositado cierta esperanza. Cuando éste resultó vencedor frente a Macri y, después, dispuso el confinamiento general en marzo de 2020, Milei elogió al principio su determinación a la hora de tomar medidas para evitar la propagación de la enfermedad y alentó el arresto de los primeros desobedientes que evadían el confinamiento llamándolos delincuentes. Después cambió su postura y se convirtió en un cruzado en contra, pero pocos recuerdan cómo empezó eso. Este viraje sirve para entender que el viento juega un rol importante en las definiciones políticas del personaje; el viento y ciertos ventiladores interesados que se encuentran a su alrededor.

El salvavidas de Fernández se transformó después en uno de plomo cuando la población se cansó de la prolonga-

14. «Políticos chorros», decía Milei; *chorro* o *choro* son términos de origen caló español, al igual que *chorizo*, para aludir a quien roba o hurta.

ción de las medidas restrictivas. Como ocurre muchas veces en Argentina, el camino del encantamiento al desencanto se recorrió a la velocidad de la luz. Ahí también estaba nuestro protagonista para dar un salto con pértiga y hablar en nombre de la libertad contra las restricciones y representar al descontento que crecía semana a semana.

Su versatilidad es amplia. Según *un* Milei, Macri fue un liberal[15] víctima de su entorno que no lo dejaba hacer. Pero también, según *otro* Milei, Macri era un fascista y un inútil.[16] Hoy, el expresidente Macri es un enviado de las fuerzas del cielo que lo ayuda a formar su gobierno, el mismo expresidente por el que se hizo famoso atacándolo. Milei es su propio ministerio orwelliano de la verdad.

Los jóvenes atraídos a su causa influyeron sobre sus padres. Ni su intolerancia, ni sus contradicciones, ni ciertas afirmaciones de las que después reniega le resultan un problema en las redes sociales, sino que llegan a convertirse en un capital político. En la política de las redes, el político que uno siente como propio es como el propio equipo de fútbol de uno. Se lo defiende de los contrincantes. Cuestionar al político del otro es como meterse con sus padres. Cuantas más cosas absurdas tuvieran que defender, más fanáticos se hacían.

Eso pasó con la propuesta de la dolarización. Se trata

15. «"Macri es un liberal clásico"; Javier Milei en *La Nación* + 21/11/2021» [vídeo], YouTube, s. f., <https://www.youtube.com/watch?v=vnRJC7j92Gw>.

16. «"Macri es un fascista"; Javier Milei con Edi Zunino - 14/11/18» [vídeo], YouTube, s. f., <https://www.youtube.com/watch?v=oTpjETbFfn8&t=423s>.

de una cuestión compleja en sí misma, y las arcas del Estado carecen de dólares suficientes para sustituir la moneda ya emitida. Pero esto, más que como objeto de un debate técnico o conceptual, se trata como una cuestión de estar con el superhéroe o ser su enemigo. No hay lugar a disidencias. Y, cuando parece que se ha echado atrás con lo de la dolarización, no se ha generado ninguna tensión entre sus filas.

Éstas son las formas y el clima emocional del diálogo de las ideas en el que está metido Milei. En el plano del entretenimiento, de los clics en los sitios de noticias y de los índices de audiencia, él fue una fuente inagotable de anécdotas. Los comentarios en la prensa se referían abundantemente a sus aspectos comunicacionales más fuertes: su pelo, su desenfreno, los insultos que profiere a quienes lo contradicen, su intolerancia... (una intolerancia que no reduce en absoluto la fe en su representatividad entre los liberales argentinos).

También se ha explorado mucho su extravagancia, su extraña relación con sus perros clonados y la religión. Un día, Milei se considera un Moisés porque, según afirma, está destinado a salvar al pueblo judío, aunque viene del catolicismo y su facción está formada por conservadores católicos. El nacionalismo católico es la versión local del falangismo español, para el que el antisemitismo era una obsesión; pero estas incoherencias no hacen cambiar las posturas de la opinión pública ni la de los adeptos y afines.

Dentro de su círculo, Milei ha afirmado que Dios le habla por medio de su perro Conan, que está muerto, pero él piensa que vive a través de los cuatro clones de éste, y a los cuales «fabricó» (una empresa estadounidense especializada) por el precio de cincuenta mil dólares.[17]

Él los llama sus hijitos de cuatro patas, y en las entrevistas se refiere a ellos como si fueran hijos de verdad..., y habla de Conan en presente.

Como pasa con Donald Trump, es imposible que el público sea informado de sus ideas, y apenas se aludía a ellas con los términos que el entonces candidato usaba para referirlas. Las redes sociales imponían algunos eslóganes y al Milei personaje.

Pero las ideas son importantes, generan cambios por sí mismas, y con Milei se requiere un poco de excavación para desentrañar las que lo gobiernan a él, aun con sus contradicciones. Las anécdotas que no echan luz sobre eso, en realidad, sólo distraen. También tenemos que ver lo firmes que son esas ideas, porque eso determinará el futuro próximo de Argentina bajo su mando. En ese sentido, se trata de una aventura como la de adentrarse en la selva abriéndose camino entre la maleza.

¿Es Milei un luchador contra la opresión estatal?, ¿en qué medida?, ¿en qué sentido? ¿Es Milei la garantía de respeto irrestricto al proyecto de vida de los individuos? ¿Es Milei un continuador de la ola nacionalista cristiana representada por Trump, Bolsonaro o el partido español Vox? ¿Es Milei un liberal, un libertario, un anarcocapitalista como economista o un neoclásico? ¿Podría todo eso ser cierto? ¿Podría no ser verdad nada de eso?

17. González, Juan Luis, *El loco: la vida desconocida de Javier Milei y su irrupción en la política argentina*, Planeta, Barcelona, 2023.

Tan sólo se trata de definir cuáles son sus convicciones íntimas, lo cual es algo harto difícil de desentrañar en un político, porque muchas veces no tiene más alternativa que dejar tales convicciones de lado, lo cual, en la mayoría de los casos, lo hace simplemente por un cálculo de utilidad.

Un político tiene que ser analizado deduciendo las ideas que lleva adelante, y no sólo las que enuncia; o bien entrever las ideas que impulsa, podríamos decir, porque lo que interesa es predecir de alguna manera hacia dónde irá.

Parte importante de la tarea en la que nos vamos a meter es desentrañar el pensamiento de sus amistades políticas y de la gente a la que escucha y que tiene influencia sobre él, tanto de sus aliados como de la gente a la que nombra en puestos o candidaturas importantes.

4

Las fronteras abiertas de la política

La lucha política en Estados Unidos, Europa y Latinoamérica, e incluso más allá, se encuentra más interconectada que nunca. No hablo de política internacional, sino de las batallas que se generan dentro de los países por ideologías compartidas por grupos en cada país. Por lo tanto, ya no podemos limitarnos a observar partidos nacionales como si respondieran nada más que a una realidad local; y Milei, por cierto, no es simplemente un fenómeno emergente de Argentina.

Esta nueva realidad se presenta a partir de Donald Trump como vehículo de la nueva derecha en su lucha contra lo que llaman globalismo, que no es otra cosa que la superación del nacionalismo. Es justamente la preservación del nacionalismo —una emoción que alimenta la política— lo que hace que se agudice la imaginación para encontrar una conspiración que deslegitime la interconexión del mundo, entendida ésta como el mismo tipo de vínculo directo que tiene la población mundial a través de internet, que, a su vez, hace que unas y otras derechas y unas y otras izquierdas actúen a través de los límites jurisdiccionales, y no como antes, cuando lo hacían circunscribiéndose sólo o mayormente a la política interna.

Es ésa la realidad de la globalización, la que hace que, en el debate que genera la figura de Milei en las redes sociales, se pueda encontrar gente que no habla ni escribe español a la manera particular argentina. Confrontar o defender a los mileístas significa confrontar o unirse a la derecha nacionalista cristiana de Argentina, pero también a la de España, Chile, Perú, Brasil, Colombia, etcétera.

La derecha actual se encuentra más globalizada que ninguna otra corriente política, pero ha conseguido convencer a mucha gente de que la amenaza es la Agenda 2030 por venir de afuera (como proyecto de las Naciones Unidas), una iniciativa completamente inofensiva, y en varios aspectos positiva, cuyo canal son las vías burocráticas.

La Agenda 2030 es, en todo caso, una aspiración a colaborar en función de unos objetivos discutibles como otros cualesquiera, pero que ni significa subyugar a los países ni significa que tales objetivos sean negativos por ser, digamos, importados.

Esa visión nacionalista tilda la Agenda 2030 de totalitaria con mucha facilidad, pero ésta no produce represión, muerte ni castigo de disidentes, y tampoco llama a la gente traidora o apátrida, como es costumbre de los nacionalismos. En el campo de la lucha política, la rivalidad con los objetivos de tal agenda se genera exclusivamente en los sectores de la nueva derecha, y no hay nadie en el otro lado queriendo imponerlos, salvo que se considere imposición que haya gente a favor, como hay gente a favor de otras ideas cuya difusión consume igualmente recursos.

Veamos cuáles son los objetivos del mencionado supuesto totalitarismo de la Agenda 2030:

1. Poner fin a la pobreza.
2. Alcanzar el hambre cero.
3. Promover la salud y el bienestar.
4. Proveer educación de calidad.
5. Igualdad de género y empoderamiento de la mujer.
6. Provisión de agua y saneamiento.
7. Energía asequible y no contaminante.
8. Trabajo decente y crecimiento económico.
9. Industria, innovación e infraestructura.
10. Reducción de las desigualdades.
11. Comunidades y sociedades sustentables.
12. Producción y consumo sustentables.
13. Acción por el clima.
14. Protección de la vida submarina.
15. Mantenimiento de los ecosistemas terrestres.
16. Paz, justicia e instituciones sólidas.
17. Alianzas para alcanzar los objetivos.

La conspiración del globalismo es muy extraña, porque varios de sus objetivos podrían ser suscritos por el liberalismo y otros tal vez merecerían unas aclaraciones sobre los medios para alcanzarlos, pero hay que hacer interpretaciones muy forzadas para encontrar algo en contra.

Por otra parte, no existe ningún gobierno mundial imponiendo estas cosas que son el resultado del diálogo multilateral entre países.

Sin embargo, en la enumeración hay algo que perturba a la derecha actual, y mucho, que son las cuestiones de género y del feminismo, que son tildadas de totalitarias entendiendo que presionan a personas que tiene unos preconceptos (o hasta prejuicios) muy arraigados respecto a otras personas, siendo así que las primeras sienten el asunto como una guerra contra la «normalidad».

Los distintos partidos y líderes que responden con oposición a estas corrientes se encuentran interconectados, y sus partidarios luchan juntos en las redes para imponer las visiones que comparten. Los más antiglobalistas son personas de diversos países que polemizan apasionadamente con personas de un país determinado por cuestiones de política interna de éste, y que, para adherir a los afines, se perciben y actúan como una comunidad política global.

De eso se siente parte y forma parte el mileísmo con toda claridad. Así lo ha expresado el mismo Milei durante el debate presidencial: «Nosotros no vamos a adherir[nos] a la Agenda 2030. Nosotros no [nos] adherimos al marxismo cultural, no [nos] adherimos a la decadencia».[18]

El nacionalismo cristiano de Trump, que es la cuna de la nueva derecha, se convirtió en referente internacional y logró conectar con nacionalismos del mismo estilo en otros países que tradicionalmente eran antiestadouniden-

18. «Javier Milei: "Nosotros no vamos a adherir la agenda 2030"», SWI [web], 9 de octubre de 2023, <https://www.swissinfo.ch/spa/argentina-elecciones_javier-milei---nosotros-no-vamos-a-adherir-la-agenda-2030-/48872542>.

ses, como el nacionalismo católico en Argentina, que era favorable al Eje durante la Segunda Guerra Mundial y profundamente antisemita. A ese gran «partido» informal internacional eligió pertenecer Milei, y jamás lo puso en duda. Su diputado por la provincia de Buenos Aires es Alberto Tiburcio «Bertie» Benegas Lynch, hijo del conocido intelectual y economista liberal también llamado Alberto Benegas Lynch, quien le facilitó el acceso a ese puesto. Bertie Benegas se sacó una foto con el comentarista estadounidense adepto a las teorías de la conspiración Tucker Carlson cuando éste entrevistó a Milei, portando la gorra con el lema «Make America Great Again», pero él no reconoce abiertamente esa afiliación, sino que se denomina un liberal de pura cepa. Ninguno de esos liberales que están con Milei expresa sus simpatías por ese movimiento (el MAGA) en las redes sociales, sino que dejan que hablen por ellos los nacionalistas cristianos a los que acompañan y con los que se dejan ver.

Esta cuestión que define modos de pensar de La Libertad Avanza, el partido de Milei en el poder, nunca se ha tratado en el debate público. Algo que debería ser una parte importante de la descripción del fenómeno se ha dejado fuera del análisis, y eso lo vamos a abordar aquí. Está claramente presente en sus peleas y en los gobiernos de otros países a los que se adhieren, pero nadie dice que es un partido con este componente nacionalista cristiano omnipresente.

En parte, esto puede atribuirse a que, para el país, el mundo parece no existir y todo se trata como un fenómeno únicamente local. Por su posición geográfica, Argentina a veces parece comportarse como una isla. La política exterior rara vez se discute. Hoy, sin embargo, analizar la política interna sin contemplar las divisiones ideológicas y de lealtades que se están dando en el mundo es imposible, aunque se da cierta negación de tal vinculación, lo cual no sólo resulta incomprensible, sino vergonzante.

Entender a Milei también es entender a sus socios, sus motivaciones y preocupaciones. Cada uno de los componentes de esa alianza de hecho —especialmente fomentada por Vox desde España con una cierta nostalgia imperial hacia Latinoamérica— suma características y definiciones al movimiento general.

Para empezar, el presidente argentino ya está sirviendo de inspiración y referencia para otras experiencias de la derecha alternativa en otros países. Geert Wilders, el ganador de las elecciones legislativas en los Países Bajos en 2023, un cruzado antinmigración que quiere prohibir el Corán y se muestra continuador también de la línea de Donald Trump, fue llamado el Milei holandés y el Trump holandés. Su partido se llama justamente Partido por la Libertad, muy acorde con el nuevo marketing de estas ideas.

Por lo tanto, a grandes rasgos tenemos dos tipos diferentes de principios que empujan a Milei y lo justifican. Por un lado está la economía argentina, la frustración acumulada de varias generaciones que termina con la ominosa herencia del kirchnerismo; respecto a la economía, la tendencia que ejemplifica Milei se centra en promover mercados libres. Por otro lado tenemos la cruzada moral de nueva derecha nacionalista, teocrática y que llega a reconocerse iliberal, como es el caso de Viktor Orbán en Hungría, uno de los más alegres por el resultado de las elecciones argentinas.

Las celebraciones en ese sentido ilustran la siguiente paradoja. Su triunfo ha sido celebrado con el mismo entusiasmo por Donald Trump, Jair Bolsonaro y Santiago Abascal, considerándolo uno de ellos, pero también por Juan Ramón Rallo, Jesús Huerta de Soto y el economista Alberto Benegas Lynch, tres referentes del pensamiento liberal que lo reivindican también como uno de ellos y niegan que tenga algo que ver con los otros. ¿Quién tiene razón? ¿O la tienen ambos grupos?

Algo similar a un movimiento internacional que aparenta fundarse en acontecimientos locales lo protagonizó la ultraizquierda en las décadas de 1960 y 1970, cuando aludían a reivindicaciones que tenían que ver con la historia propia (en el caso de Argentina, por ejemplo, el bombardeo de la plaza de Mayo por la Armada y la Fuerza Aérea antiperonista en 1955), pero que en realidad obedecían a una causa socialista internacionalmente conectada y automotivada para lograr el poder. En cada país, estos movimientos insurreccionales hacían referencia a sucesos internos que requerían venganza, pero la verdad era que existían con objetivos propios externos a esa realidad.

La dualidad se repite ahora, con otros actores y otros relatos, por eso es más importante descubrir si hay un pensamiento por detrás, además del que se presenta por delante.

Antes hay una segunda dimensión del problema que deberemos abordar, que es que los términos utilizados para caracterizar ideologías en el debate político están sufriendo cambios y, en algunos casos, hasta se están vaciando de sentido.

5

Ideas e ideologías

Hay tres términos referidos a visiones políticas que están relacionados con Javier Milei a los que hay que recurrir para después situar al personaje en ese cuadro. Los tres se utilizan como identificación de la nueva derecha y son *cristianismo*, *conservadurismo* y *liberalismo*. Hay otro término que se ubica como su antítesis que es *socialismo*, y es al final el mero depósito de todo lo que no cabe dentro de la nueva derecha, por lo que también se cambia su sentido. (Aquí abordamos los tres primeros términos por partes, aunque en la exposición se den inevitables cruces entre ellos y ramificaciones hacia otros aspectos, como el socialismo.) Todos ellos han sufrido transformaciones drásticas en los últimos años y todos se han entremezclado. El gran catalizador de estos verdaderos terremotos conceptuales fue la aparición de Donald Trump y el movimiento MAGA (Make America Great Again), que a su vez es una evolución de las protestas del movimiento Tea Party ocurridas durante la crisis de 2008 y de la organización ultraconservadora

Mayoría Moral, auspiciada por el ala más derechista del Partido Republicano ya con Ronald Reagan.

Karl Marx llamaba al capitalismo ideología, porque entendía que respondía a un conjunto de prejuicios y posiciones de poder y no sólo a un sistema de ideas que actuaban como pantalla. Veremos que, en su evolución, estas palabras terminan por referirse a ideologías que responden a esa definición, más que a un sistema de pensamiento coherente.

La convivencia que nos preguntábamos entre una postura libertaria y otra conservadora religiosa desde el punto de vista racional carece de un sentido lógico, pero lo que nos interesa desentrañar es qué ideología produce esta simbiosis, porque la ideología así entendida no requiere coherencia conceptual. La ideología está por detrás, e incluye intereses y valores no puestos sobre la mesa y que son cubiertos por una simulación.

Un ejemplo de esto sería la apelación permanente de Milei a una idea sobre liberalismo que consiste en que éste implica «el respeto irrestricto al proyecto de vida del prójimo». Si eso es real, entonces supone una idea, pero si es la cobertura de todo lo contrario, lo podríamos denominar ideología. ¿Es el de Milei un movimiento que promueve el respeto irrestricto a los proyectos de vida de todos? ¿Puede decirse eso de sus socios y aliados internos y externos, o bien la forma en que elige sus amigos nos comunica lo contrario? Repasaremos todo eso.

Por otra parte, las palabras que utilizamos para definir ideologías con la intención de presagiar programas están condicionadas por su utilización en la política y por las luchas a las que responden, en las que se hacen presentes. El movimiento del que hablamos, en este caso, la unión de partidos de este tipo en distintos países, ha sido tan rápido, rotundo y vertiginoso que, en el lapso de unos pocos años, se ha visto como natural que libertarianismo o liberalismo, nacionalismo y teocracia se mezclen hasta hacer imposible que se diferencien. A mucha gente que recibe el mensaje y lo repiten les parece todo lo mismo.

Una mezcla tan contra natura se acepta con facilidad porque es un paquete ideológico y emocional, porque hay intereses y valores compartidos y no expresados. Hay una expresión que utilizan los del lado nacionalista y los del lado liberal para transmitir unidad, pero que remite a cosas opuestas, que es *batalla cultural*. Los seguidores de las ideas liberales que están en esta parcialidad política lo explican como «enseñarle a la población cuestiones económicas e institucionales»; y para los otros es «inducir el cambio de comportamiento de la población y de las minorías», es decir, el avasallamiento del proyecto de vida de los demás. Sin embargo, ni unos ni otros hablarán de esta diferencia, y con eso aparentan estar juntos por sus ideas compartidas y dentro de una misma «batalla».

Religión cristiana

El primer término del imaginario político de Milei es *religión cristiana* —que contiene diversos aspectos, como la moral, la percepción de la inmigración y la actitud ante la diversidad de orientaciones sexuales y de género, por ejemplo—. Hay eslóganes, como el de que el liberalismo sería hijo no reconocido de la fe cristiana, que, para la mayoría de las personas, serían suficientes para no encontrar ninguna incoherencia en el discurso de Milei. De hecho, Milei mantiene la llama de la confusión haciendo referencias bíblicas que lo ubican a él mismo en el centro de los planes de Dios, al mismo tiempo que hace un repaso de los números de la macroeconomía.

No voy a referirme al cristianismo como una doctrina milenaria ni a ninguna cuestión de fe, sino a la referencia superficial a la religión como una identidad política que experimentamos en América y Europa en los últimos años.

No se trata de cualquier cristianismo. No es, por cierto, el que, también como ideología política, se conoció como Teología de la Liberación y que estuvo en auge en algunos países de Latinoamérica en la década de 1980, de inspiración marxista. El cristianismo del que hablo es como la cobertura de un programa político de un tipo particular de derecha. No es una campaña de evangelización, sino de la afirmación de una identidad, de una jerarquía social y de poner a los objetores y contendientes en la categoría de herejes. Quienes se opongan no merecen una respuesta por su pensamiento o crítica, sino el repudio. Nadie les llevará la palabra de Cristo.

Quitar la racionalidad de en medio es fundamental para lograr adhesiones incondicionales que resistan incluso ante las investigaciones judiciales en las que las iglesias están involucradas por las revelaciones de delitos contra menores que han ocurrido y ocurren bajo su cobertura.

La utilidad de este recurso se detecta de inmediato cuando vemos que hay personas que adquieren esta relación mística con la política y no soportan que se les cuestione el uso de la religión por asuntos de poder, lo cual escuchan siempre como un ataque a su fe. No importa cuántas veces se pueda tomar uno el trabajo de aclarar que estas críticas no entran en el contenido religioso, sino en su uso deshonesto para obtener y mantener el poder.

Es eso lo que buscan quienes apelan a Cristo, no difundir sus enseñanzas, sino que no se puedan separar los resortes del gobierno de las creencias religiosas milenarias con las que se identifican y de la voluntad del cielo.

La religión se transforma así en un artilugio populista más, gracias al cual unos no logran separar su fe del juicio que merece cualquier facción política, y otros se sienten que representan a la ideología política preferida del creador.

Es una involución hacia las formas más primitivas de política que socava los cimientos de un Estado secular y liberal. Sólo con esta confusión se pasa por alto, sin debatirla, toda la biblioteca moderna que habla de la separación entre la religión y el Estado, esto es, la política, el uso del poder y su racionalidad liberal.

Sin embargo, la correlación se establece desde la ideología a la que me refiero presentando la religión como una alternativa al Estado, como una privatización del poder, simulando que se lo disuelve, cuando en realidad se lo concentra bajo otra justificación y como si fuera la vía más obvia del anarcocapitalismo, que, a su vez, es la idea de que la sociedad puede manejarse sin Estado por medio de acuerdos privados. En este caso, esa sociedad sería regida por la Iglesia como una forma más pura de poder. Por esa vía sinuosa es como puede fusionarse el libertarianismo con la teocracia en una ideología que lo cubra, sin explicaciones, pero con lealtades firmes.

Autores como el alemán Hans-Hermann Hoppe, que en su artículo «Realistic libertarianism» se adhiere a una sociedad cerrada en sus fronteras que cobije dentro a personas blancas, heterosexuales y cristianas,[19] se dicen a sí mismos anarcocapitalistas y paleolibertarios.

El Estado actuando en nombre de Dios coloca al ciudadano en posición de súbdito, pero la Iglesia heredando las prerrogativas del Estado también. La Iglesia, una empresa, un monarca o cualquier cosa que ostente el poder omnímodo es un aparato opresivo. En ese sistema, las decisiones que toma la autoridad no pueden ser cuestionadas ni sus transgresiones o corrupción investigadas, porque responden a un designio superior.

La propuesta de pasar del Estado secular a este populismo de personajes místicos viene acompañada de una falacia histórica sobre una suerte de relación de paternidad entre los principios cristianos y el liberalismo. El razonamiento consiste en afirmar que los principios liberales son consecuencia del cristianismo y que, por lo tanto, el liberalismo sin el cristianismo representado por los populistas de derecha en el poder es casi parricida. Para no traicionarse a sí mismo, el liberalismo tendría que rendir sus banderas a la cruz. Lo cierto es que el liberalismo, sin plantear el dejar de lado la religión para gobernar, no sería liberalismo.

Parece una forma incluso más agobiante de este vínculo

19. Hoppe, Hans-Hermann, «A realistic libertarianism», *Procesos de mercado: revista europea de economía política*, 12, 1 (2015), pp. 203-202.

tóxico de paternidad, porque eso sería plantear que el hijo nunca llegará a adulto y que un pensamiento depende de que exista otro que lo contenga. Es lo que propone el psicólogo y profesor Jordan Peterson, para quien es algo inconcebible que alguien en Occidente se considere no cristiano, porque lo tiene impreso a través de la cultura como su ADN; y da por sentado que la cultura ni cambia ni debe permitirse que cambie, porque el mundo perecería.

La historia, un tanto recortada en realidad y caprichosamente ordenada, sería, más que historia, mandato. Si alguien quiere retirarse de la política hecha en nombre del cristianismo, Peterson no lo llamará hereje, pues no se tomará ese trabajo, sino que dirá que miente o se engaña a sí mismo, y lo ignorará.

El mandato, en este caso, sería mantenerse dentro de la derecha moralista a la hora de hablar de libertad, no ir más allá de las libertades que la Iglesia aprueba. Sería como un liberalismo de una «libertad, pero...». No es el liberalismo extremo que se quiere ver, sino su moderación, o, más que su moderación, su mordaza.

No importa si la versión más extendida de la vuelta a la ideología teocrática-libertaria-conservadora-antizquierdista se desentiende directamente de todo problema de libertad, considera al Estado secular una aberración en sí mismo y se declara opuesta al liberalismo, eso no provocará una división. Hay una jerarquía entre estas ideas contrapuestas. Así como el liberalismo sería el hijo menor del cristianismo, el cristianismo sería el hijo menor de la derecha conservadora. Todo muy parecido a una familia tóxica.

Desentrañar la cuestión de la religión y del Estado no es

un mero ejercicio intelectual. No hay forma de que el edificio endeble de una república funcione basado en la fe. Aunque se diga que sólo se quieren sumar algunos límites morales a la acción de gobierno, en realidad se está cambiando el fundamento de la legitimidad, es decir, se está cambiando todo.

Ya desde la concepción misma de la división de poderes y del control de unas rama del gobierno por otras se está negando la influencia de un poder superior o que el poder responda o pueda responder a una voluntad ordenadora. Eso hace que este aspecto de la nueva derecha, presente en la ideología de los mileístas, esconda un germen revolucionario, tanto o más profundo que el que impulsa el marxismo con la abolición de la propiedad privada. Cambiaría fundamentalmente la definición del propio Estado y del sistema de derechos y libertades. Recordemos que el trumpismo llegó a intentar una insurrección para truncar el sistema democrático en nombre de la superioridad de su cruzada.

Justamente, el pensamiento que ha suplantado al Estado confesional es el liberalismo, es decir, una corriente que, de ser hija, se habría marchado de casa para hacerse adulta. Armando Ribas (1932-2020), un destacado intelectual liberal cubano-argentino, decía que, si la relación entre cristianismo y liberalismo fuera tan estrecha, no se explicaría por qué el primero tardó 1.800 años en parir al segundo.

Ocurre que, para hacer viable un cambio de régimen, se necesitaba contaminar los principios liberales del anterior y abrirle camino al auge de la nueva ideología. El liberalismo tiene que perder su identidad, de la misma forma en que para el eje soviético la democracia era la que tenía que ser vaciada de sentido.

En la medida en que el poder baja de Dios al político, el ciudadano ha sido desplazado. Es lo que pretendía la Teología de la Liberación y lo que pretende esta corriente desde una retórica opuesta, y esto no tiene nada de cuestión religiosa. En ese sentido, cuestionar la vida de determinadas personas como gais o transexuales o sacar del cajón de los recuerdos la discusión sobre el aborto para ponerla en la primera plana son instrumentos para afianzar la idea de que la sociedad sin ese Dios declarado muerto por Zaratustra está perdida y que es necesario derribar el edificio de la república para dar lugar al gobierno de los místicos con el objeto de que restablezcan la pureza.

El lenguaje no es claro, y eso es a propósito. En lugar de declarar enemigo al Estado secular, se habla contra el Estado a secas; en lugar de cuestionar el monopolio de la fuerza regido por el imperio del derecho (*rule of law*), se lo ataca como un Estado dentro del Estado, o las cloacas del Estado (*deep state*); y en vez de hablar de herejes que hay que quemar en la hoguera, se señalan y estigmatizan marxistas, o marxistas culturales, o personas *woke*... Esto es lo esencial de la transformación del socialismo, que es simplemente todo lo que no son ellos, igual que progre. Son los herejes del pasado.

Así, por esta vía se termina con el liberalismo; pero la transformación del cristianismo de la que hablamos aquí no se refiere a un cambio en cuanto doctrina religiosa ni en cuanto a su influencia en la vida de las personas, sino en lo referente a su percepción y utilización en el juego del poder para atropellar al sistema institucional y establecer un nuevo orden. Y eso último ocurre sin promover conversiones ni proclamar otra doctrina moral del cristianismo que no sea la de la restricción de la libertad personal, tres o cuatro cosas bien fundadas en prejuicios arcaicos que den la impresión de campaña de limpieza, y no de simple toma de control.

De la misma manera, cuando la noción de la separación entre la Iglesia y el Estado fundó el sistema republicano que caracteriza a los gobiernos occidentales, no hubo un cambio religioso sino político, el que ahora se quiere deshacer.

El cristianismo en la política también prescinde de lo que los evangelios dicen de la política. Milei utilizó esta alegoría alguna vez: Cristo en el desierto rechazó los reinos del mundo que le ofrecía el demonio. Es difícil sostener que seguir a Cristo es llevarlo al gobierno a partir de ahí, pero parece que tal cosa no es un obstáculo. Por otra parte, la idea de darle al César lo que es del César y a Dios lo que es de Dios va en contra de lo que hace este movimiento, pero el nacionalismo católico sostiene que dejar a Dios de lado a la hora de gobernar es apostasía.

Sin embargo, hay un aspecto en el que la nueva derecha se aparta del cristianismo de manera más fundamental, que es el aspecto central que consiste en el amor al prójimo. No hay ningún mensaje de ese tipo en los grupos políticos que responden a esa descripción; al contrario, promueven el odio a minorías, el racismo, la burla hacia el débil o hacia quien tenga defectos físicos (como la obesidad), y el odio al inmigrante y, por ahora, sólo al islam como religión.

La nueva derecha se alimenta de distintas formas de desprecio sin las cuales perdería su identidad y su motor, lo cual la aleja del cristianismo en sus aspectos más centrales y esenciales. A los seguidores de esta corriente en las redes sociales no les causaría efecto alguno la palabra de Jesús para poner en tela de juicio lo que hacen, sus ataques. Ignoran por completo aquello de «el que esté libre de pecado que tire la primera piedra».

En términos evangélicos, ellos ejercen un comportamiento al estilo de Barrabás, no del mesías al que invocan. En la medida en que insisten en cosas como que apartarse de la heterosexualidad es una enfermedad, no promueven la conmiseración y solidaridad con el «enfermo», sino que alimentan el odio con el fin de concentrar el ejercicio del poder sobre él.

El cristianismo transformado presente en estas facciones tiene poco de la doctrina cristiana y, al mismo tiempo, es la negación de los valores más elementales del sistema republicano.

Alguien podrá pensar que esas consecuencias no se están viendo aún, pero son las consecuencias que se siguen de unas ideas que están en el ruedo y que van horadando los cimientos de un edificio institucional. Son ideas que van desarrollándose y destapándose. El Donald Trump de la campaña para las presidenciales de 2024 dice cosas que no dijo en su anterior y primera campaña.

Milei siente admiración por esta corriente, y luego la elige como modelo cuando se asocia al nacionalismo católico, que, a diferencia de su versión estadounidense, no le aportaba voto alguno, pues era un pensamiento en desuso, perdido con el partido militar, es decir, la ideología de los golpes de Estado. Pero esa unión le dio a su movimiento el carácter de nueva derecha, que era lo que él buscaba; y su masa de seguidores pone tanto o más interés en estos aspectos de su ideología que en la economía de mercado. Ésta es la faceta en la que declaran la batalla cultural.

Pero, como todo esto es político, cualquier creencia trascendente da igual, y produce el mismo efecto anestésico sobre la conciencia ciudadana y la ética política. Durante su primera campaña electoral para convertirse en diputado, hace sólo dos años, Milei comenzó un acercamiento al judaísmo. Así evitó que pudieran acusarlo de antisemita, porque ésta es una característica central del nacionalismo católico al que recurrió para formar su nueva derecha y que lo rodea. No eligió cualquier versión del judaísmo, sino la organización más conservadora, Jabad-Lubavitch, cercana a su vez a Benjamín Netanyahu y al trumpismo.

Que alterne con otra religión no provoca tensiones con sus aliados, y esto deja más al desnudo aún el aspecto instrumental de utilizar la fe. El hecho de que la creencia trascendente sea intercambiable obedece al carácter político y no religioso de su uso. De la misma manera, dentro de sí mismo, ese cristianismo-ideología une a corrientes que en materia de creencias no son compatibles entre sí, como los distintos protestantismos, el catolicismo o las Iglesias ortodoxas, que han rivalizado entre ellas a muerte en el pasado. Por eso tampoco hay conflicto en incluir a un judaísmo nacionalista extremo del gusto de Benjamín Netanyahu y que desconoce la función del poder judicial; y el edificio de la nueva derecha, en su mayoría cristiana, no se derrumba por ello como debería ocurrir si fuera cierto que Occidente no pudiera apartarse del cristianismo sin perecer y fuese fundamental que Estados Unidos fuera una nación cristiana o Argentina una nación católica —como también ha afirmado Milei más de una vez—, ni seguirían los católicos políticos detrás de él.

Si las creencias estuvieran en primer plano, no harían más que rivalizar unos con otros. No hay tal cisma porque la unión no es verdaderamente cristiana o judía, sino un recurso político común que consiste en apelar a una legitimidad extraordinaria. No importa bajo qué relato, la racionalidad del poder que conduce a la supremacía del ciudadano tiene que desaparecer y ser reemplazada por esa legitimidad extraordinaria sustentada en el más allá.

Ésa es la razón por la que, a partir de que cambia su dispositivo místico, nada ha cambiado en Milei ni en quienes son sus aliados externos o internos, muchos de los cuales incluso se identifican con el antisemitismo. Mientras se mantenga la hostilidad contra el sistema republicano reforzando otra legitimidad, la unión está asegurada.

Esto no quiere decir que en la cabeza de Milei esto actúe como una mera instrumentación utilitaria, como podríamos pensar de Donald Trump. En cambio, en Milei se trata de su propio relato mesiánico, algo que Juan Luis González, en su libro *El loco*, da por comenzado unos pocos años atrás, cuando Milei rompe el vínculo con su amigo y socio intelectual Diego Giacomini, y cuando muere su perro. Giacomini afirma que tanto la retórica mística de Milei como la dependencia emocional con su hermana Karina empiezan cuando ese vínculo se rompe.

Sólo algunos de los nacionalistas católicos y antisemitas que están con Milei indirectamente por medio de Victoria Villarruel toman esto, así como su respaldo a Israel, como una desviación.

La conexión de Milei con el nacionalismo católico que mete a su liberalismo en la senda de la nueva derecha, y que no es otra cosa que un fascismo basado en un integrismo religioso, viene de su relación personal con dos personajes que se vinculan con la derecha religiosa trumpista, con Vox y con organizaciones adscritas a Vox, como Hazte Oír. Esos personajes son autores de un libro (*El libro negro de la nueva izquierda*) lleno de calificativos y de referencias falsas en el que se avala la teoría de que todas las cuestiones de género y las teorías que hablan de los roles sociales masculinos y femeninos como convenciones culturales son parte de una conspiración del marxismo. Se trata de Nicolás Márquez y Agustín Laje, dos individuos que hacen giras por Latinoamérica en campañas contra el aborto invitados por grupos religiosos, en las que exponen su teoría de que el mundo se está contaminando con la impureza sexual y el intento de destruir a la familia, algo que ninguno de los dos tiene.

Unos años antes, Laje se describió a sí mismo como un liberal; después, como un paleoliberal (o «liberal paleo», como a veces se dice), es decir, de la línea de Hoppe; más tarde dijo que se lo podía llamar de cualquier manera. Márquez se identifica como un conservador, pero tiene simpatías por autores nacionalsocialistas, como Salvador Borrego, por el que expresa una admiración que él dice que es académica. Ambos son cercanos a otros personajes que no sólo compartían escenarios con Borrego, sino que sostienen que la Segunda Guerra Mundial fue ganada por los malos y que los soldados nazis eran unos héroes, como la doctora Chinda Brandolino, que ha compartido eventos con el mismo Milei. Otro de sus contactos que participa de escenarios organizados por Laje es Cristián Rodrigo Iturralde, autor de un libro (*La Inquisición: un tribunal de misericordia*) lleno de alabanzas a la Inquisición, y según el cual Mussolini estaba guiado por los valores tradicionales de la familia.

Estos dos personajes, que tienen de un lado a los nuevos liberales y del otro lado a los viejos fascistas, poseen gran influencia sobre Milei, además de ser sus amigos. Ambos provienen de la crítica a las insurrecciones armadas de las décadas de 1960 y 1970, y, digámoslo así, descubren en la ideología MAGA su vocación por un modelo de gobierno, Estado y disciplina cultural ineludible. Su contacto con la ideología MAGA se lo provee un liberal católico llamado Alejandro Chafuen, director en aquel entonces de la Atlas Network, un conglomerado de fundaciones que promueven el libre mercado, casi todas las cuales se volcaron hacia el trumpismo.

Márquez y Laje se vinculan con Milei en aquella crisis que sufre cuando rompe su relación con Giacomini y mientras los liberales argentinos lo despreciaban por sus formas y por no ser parte del grupo. Estos últimos rivalizaban con él en las redes sociales, mientras que, en esa soledad, según contó alguna vez Milei, Laje lo había cobijado para que pudiera exponer sus ideas en la Universidad de Córdoba. Se abrazó a ellos fuertemente y comenzó sus alabanzas a Donald Trump, al que en algún momento había criticado como un proteccionista que despreciaba las ideas de la libertad.

Incorporó todos los términos de esta ideología, como la existencia de un marxismo cultural detrás de la promoción de la tolerancia de las diferencias, y buscó el puente en el discurso del paleoliberalismo de Hoppe.

Paralelamente, Victoria Villarruel, ya dentro de la estructura política de Milei y siendo su vicepresidenta, concuerda con esta ideología y representa el sector del pensamiento nacionalista cristiano del viejo e informal partido militar. A través de este sector, Milei define su incorporación al discurso religioso de la derecha utilitaria y comienza a hacer alusiones místicas cada vez más fantasiosas respaldando sus propuestas y su papel en la política. Al mismo tiempo, él se ve rodeado cada vez más por sectores religiosos conservadores, cuya agenda no refleja ninguna clase de libertad.

La historia y la personalidad de Milei lo hacen vulnerable a la influencia de otras personas que se vinculen emocionalmente con él. Eso puede cambiar incluso su manera de pensar, y, a nuestros efectos, es una limitación que tenemos que sortear a la hora de caracterizarlo desde el punto de vista de las ideas. Antes de ese acercamiento al sector nacionalista cristiano, Milei parecía un agnóstico que hablaba de la libertad sexual con la misma soltura que de la libertad de comercio. Esto revela que se trata de una persona influenciable que puede moverse entre extremos. Lo que lo inclinó hacia esa opción fue que sus nuevos amigos aparecen justo en el momento en que saltaba a la fama y no era aceptado entre los liberales locales, aunque, al final del cuento, los liberales locales se parecían más que él mismo a esa derecha religiosa traída de Estados Unidos.

Por supuesto, entre los nacionalistas católicos hay dudas sobre ese acercamiento oportunista. Es el caso del padre Javier Olivera Ravasi, un sacerdote e *influencer*, amigo de Villarruel, Laje y Márquez, para quien el liberalismo, en la medida en que acepta el proyecto de vida de los demás en lugar de someterse al de Dios, resulta una aberración. Laje y Márquez intentan convencerlo de que Milei es «bueno», es decir, un amigo de ese tipo de fascismo que pregonan. El argumento que usa Márquez en un vídeo de X para acercar a Ravasi es el siguiente: «Yo tampoco pienso exactamente igual que Javier, no me considero liberal, me considero conservador, una persona de derechas. Creo que Javier ha hecho una alianza con la derecha que es muy clara. Él, digamos, fue a España a los mítines de Vox, invitado por Vox, la derecha dirigida por Abascal, fue al CPAC, que es un convite conservador, junto con Bolsonaro y con el presidente de Chile, José Antonio Kast, muy católico, que tiene nueve hijos, fue al mitin conservador en México. Se junta con..., bueno, celebró y festejó el triunfo de Giorgia Meloni, la derechista italiana que hasta llegó a elogiar a Mussolini»;[20] y lo decía todo mientras el cura asentía.

Pero Márquez tiene razón en que hay una adscripción a ese tipo de derecha que es muy clara. A su vez, él es amigo y compañero de ideas del ahora diputado Bertie Benegas Lynch, que provee a Milei con el sello familiar de seguir perteneciendo al liberalismo.

Bertie Benegas Lynch se adhiere a ese llamado liberalis-

20. Véase: <https://x.com/JulianRooUS/status/17216138909606752 22?s=20>.

mo católico que es trumpista en voz baja, pero que ya se confunde con el fascismo de Márquez en la actualidad. El ahora diputado jamás intervino antes en política, y sólo se volcó a esa actividad cuando Milei se hizo dependiente de ellos.

Tampoco debilita en esos ámbitos católicos la relación de Milei con el esoterismo. Su hermana y mano derecha Karina es astróloga, y él afirma que puede comunicarse con su perro muerto a través de una suerte de médium. Este tipo de creencias no son compatibles con el cristianismo que profesaba ni con el nuevo credo al que se está acercando, pero, como ya se aclaró anteriormente, las creencias tienen un contenido más político que espiritual en todos estos personajes. Las creencias son relativas, prescindibles; el programa que tratamos de entender no lo es.

La conformación del trumpismo es un antecedente esencial en el surgimiento de Milei. En Argentina, el sector inicialmente pequeño identificado con el ahora expresidente estadounidense y otra vez aspirante a la Casa Blanca buscaba un candidato que jugara el mismo papel en Argentina, que pudiera convocar a las masas para establecer un movimiento del cristianismo nacionalista.

Donald Trump, sin embargo, no comenzó su carrera política poniendo gran énfasis en su identificación religiosa, sus temas eran el nacionalismo y la xenofobia, pero tras de sí surgían con fuerza las Iglesias evangélicas y el catolicismo local como apoyos cruciales para su campaña. La ideología nacionalista cristiana estaba en su principal ideólogo, Steve Bannon, quien tiempo más tarde intentaría exportarla a Europa, aunque se encontró con que en esos países ya existía algo similar y con que no estaban interesados en su guía. Esos grupos crecieron después por sí mismos, dentro del mismo clima y éxito del trumpismo.

La misma militancia evangelista que en esta instancia es visible como centro ideológico de la nueva derecha había cumplido un rol en facilitar el triunfo de Ronald Reagan en la década de 1980, sólo que complementaba el programa económico y la política exterior de lo que entonces se llamó la «revolución conservadora» y no era el centro del debate ni incluía aplicar la hoguera a las minorías. Reagan, por otra parte, era un gran defensor de la inmigración y promovió la legalización de millones de inmigrantes a través de una amnistía.

Otra diferencia importante es que la sociedad de aquellos años ochenta no era la de la segunda parte de los 2010; por lo tanto, las apelaciones a una vida conservadora no chocaban con la libertad y visibilidad que las minorías habían logrado. Se trataba entonces apenas de una apelación a una nostalgia. No se convocó, como en el movimiento MAGA, a una batalla cultural contra la vida de nadie.

La llamada «batalla cultural» persigue una restauración desde la política de una moral social que remite a la década de 1950, con roles masculinos y femeninos muy marcados e incómoda con el hecho de que en el ámbito público se legitimen variantes de vida (de prójimos) que se consideran contaminantes, como las relaciones entre personas del mismo sexo o la transexualidad. Eso implica en sí mismo una deslegitimación de las elecciones de vida de personas y la incitación a la formación de prejuicios arraigados contra ellas. No es una mera lucha contra contrincantes políticos, es una guerra declarada al cambio en el estatus social de las minorías.

En términos políticos y no morales, eso implica la adopción de una misión de transformación de la sociedad y una eliminación de elementos impuros, una forma primitiva de considerar el propósito del poder político y de conseguir fidelizar seguidores. Para la política moderna es casi un vicio y una desviación de aquella que se basa en la igualdad ante la ley y en que la gente es contribuyente y ciudadana.

Esto no quiere decir que a Donald Trump las vidas ajenas le importaran especialmente, nunca pareció compartir tales prejuicios; pero sus seguidores estaban fuertemente motivados por esos prejuicios. Como me dijo un amigo, sobre todo, Trump es un hombre de Nueva York, una ciudad donde nada de eso le importa a nadie.

El ahora expresidente estadounidense se apoya en esos sectores porque son el canal político que se le ofreció para llegar al poder, y todo en él es apuesta a la irracionalidad. Busca fanáticos, no seguidores, aunque no menos oportunista resulta que los grupos religiosos recurran a él como si fuera un modelo de cristianismo.

Los temas de Trump eran la islamofobia, la xenofobia y el nacionalismo anti-China. La ideología completa del movimiento que Steve Bannon impulsó para él se asentaba en cambio en la homofobia, la batalla cultural y la religión al servicio del populismo. Trump simplemente usó esa corriente y a sus representantes, pero, a lo largo de su involucramiento con ellos, terminó levantando la Biblia y entrometiéndose en los asuntos como el de la participación en el deporte de las personas transexuales. Hoy llega a decir que, de llegar al gobierno, impondrá como requisito para naturalizarse ciudadano de Estados Unidos el pertenecer al cristianismo. Le vino bien esa ola, y se subió a ella para aprovecharla y barrenarla.

Aquello que en Milei ocurre una vez que se ha juntado ya con los nacionalistas católicos y los llamados liberales católicos, en Donald Trump es más bien un aprovechamiento de ese misticismo que creció debajo de él y que no tiene problema en declarar abiertamente ya la fusión de Estado y religión. Todo eso crece bajo su liderazgo, a la vez que el propio mileísmo y todas sus franquicias, por decirlo de algún modo, en América y Europa.

Como pasa con Milei, el Donald Trump actual, aspirante ahora a las elecciones presidenciales de 2024, ha pasado por una adaptación paulatina hacia las definiciones del movimiento MAGA que habla de una inseparable relación entre Iglesia y Estado como lo esencial de Estados Unidos, lo cual se concretaría en formar una nación fundada en la fe, una fe cuya preeminencia debe ahora recuperarse tras los pecados de los no fieles, si es necesario llegando a la insurgencia. En algunos casos se han llegado a lanzar consignas a favor de la secesión en nombre de la preservación de la pureza «americana».[21]

En ese sentido, el también aspirante a la Casa Blanca Ron DeSantis es un hijo puro de MAGA, por más que tanto Steve Bannon como Trump lo hagan objeto de burla. Es

21. Ramirez, Nikki McCann, «Marjorie Taylor Greene says States should 'consider seceding from the unión», *Rolling Stone*, 11 de septiembre de 2023, <https://www.rollingstone.com/politics/politics-news/marjorie-taylor-greene-states-consider-seceding-from-the-union-1234822567/>.

que DeSantis cree de verdad en que tiene que llevar adelante una cruzada, y no tiene los antecedentes libertinos de Trump. Podría ser el Robespierre de esta «revolución» y es mucho más cercano al tipo de pensamiento del nacionalismo católico argentino.

Milei se declara seguidor del bíblico Moisés, porque se ve como un salvador guiando a su pueblo.[22] Lo que es similar en él y en Trump es la adquisición de un relato moral ajeno que ve como determinante de su popularidad.

El pensamiento que acompaña al movimiento trumpista ha desplazado de su eje la palabra *conservador*, que antes tenía que ver con unos valores propios del país cultivados por los padres fundadores y que son la base del liberalismo político, del gobierno limitado y de la libertad religiosa. Se trata ahora de un cambio de fondo, una opción revolucionaria nacionalista cristiana, en el sentido de un cambio de régimen jurídico. Sus seguidores más fieles dentro del Partido Republicano no ocultan esa filiación, aunque la palabra *conservador* está muy metida en el lenguaje político estadounidense y es difícil de reemplazar. Es el caso de Marjorie Taylor Greene, representante por Georgia, y Lauren Boebert, represente por Colorado.

El mito fundacional de esta ideología dice que Estados Unidos fue diseñado bajo la invocación cristiana por sus primeros colonizadores, y eso implicaría que su política tiene que realizarse en nombre y bajo la aprobación de este

22. «Javier Milei lapidó a Horacio Rodríguez Larreta y habló de su fanatismo por Moisés y de su época en Tinder», *Perfil*, 11 de abril de 2023, <https://www.perfil.com/noticias/politica/milei-hablo-de-su-fanatismo-por-moises-y-de-su-epoca-en-tinder.phtml>.

tipo de credo que implica también una supremacía política, moral y racial. A su vez, según este enfoque, el Estado no puede permitir o fomentar determinados estilos de vida. Estos conceptos se unen en una relato que define lo que son los «verdaderos estadounidenses», que, además, son una raza: los WASP (*white anglo-saxon protestant*). El ya mencionado Nicolás Márquez, referente moral de Milei y los liberales católicos, dice ser un WASP en una versión argentina y católica.

Pese a esta historiografía caprichosa, pasaron muchas cosas después de la llegada de los Pilgrims (padres peregrinos) a las costas de la actual Massachusetts en 1620, y también antes de eso con las poblaciones autóctonas. Estados Unidos, no ya las colonias, es el primer país fundado como una república secular liberal. Como cuentan los autores de *The founding myth: why Christian nationalism is un-American* (2019), Andrew L. Seidel y Susan Jacoby, la asociación entre el cristianismo y el Estado estadounidense a partir de 1777 es completamente infundada, teniendo en cuenta que la Constitución, datada diez años después, establece en su primera enmienda la libertad religiosa y la prohibición al gobierno de financiar a cualquier culto. Sus inspiradores eran deístas que creían en una voluntad creadora pero no se adherían a ninguna religión. Es el caso de Jefferson o Franklin; alguno era un declarado ateo, como Thomas Paine, y todos acordaron que el Estado no seguiría ningún culto.

Esto es esencial en el tipo de liberalismo representado por Estados Unidos como proyecto político y deja fuera del ámbito publico toda cuestión relacionada con una moralidad personal, sexual o de género, contenida en mandatos que son propios de cultos que consideran que son custodios de una moral sumamente precisa y restrictiva de la intimidad dictada por el propio Dios.

Los deístas no pretenden entrar en semejante terreno que depende de una creencia sin fuentes reales, que eso es la fe. Apenas sostienen la existencia de una providencia sin mandatos específicos, no se trata de cristianismo o judaísmo.

Pero lo más importante es que no hay tal cosa como un sistema de gobierno estadounidense —con sus límites al poder, su sistema de pesos y contrapesos y su forma republicana— si la religión y, con ella, los religiosos comandan el Estado en nombre de sus creencias. De la misma manera que no hay ciencia si ésta está bajo un control del pensamiento. La república es un diseño de un país organizado bajo principios seculares, en nombre de la igualdad ante la ley y para la defensa de los derechos individuales, no para la imposición de una disciplina social, algo que es ineludible en la teocracia y, en concreto, es aspiración fundamental del aparato populista trumpista.

El tipo de legitimidad que provee de una creencia trascendente al aparato de fuerza que llamamos Estado no es compatible con la democracia liberal, y decir que Estados Unidos no es una democracia liberal es más que temerario, pues implicaría borrar el proyecto de la historia o reescribirla convenientemente al estilo del Ministerio de la Verdad de George Orwell.

Contrariamente a lo que la revolución nacionalista cristiana sostiene, el Estado estadounidense, que se conforma a partir de 1787 con su Constitución y que tiene dos siglos de enmiendas, es de corte liberal; por lo tanto, nadie puede encontrarse bajo una tutela de religión alguna contra su voluntad.

En el libro *Taking America back for God: Christian nationalism in the United States* (2020), de Andrew L. Whitehead y Samuel L. Perry, se destaca el aspecto ideológico del uso del cristianismo y se asocia a una identidad de tipo racial. Lo cristiano es a su vez lo blanco. Cristianos son los colonizadores, no lo son las poblaciones preexistentes. El origen probablemente se encuentre en el uso de la palabra *cristiano* como sinónimo de *europeo*.

En la política de la derecha estadounidense, la idea se encuentra por lo tanto asociada a una identidad racial, reforzada por la diferenciación con los esclavos. Es aquí donde se observa con mayor claridad que el cristianismo en la política, y sobre todo en la política actual, no quiere decir exactamente fe cristiana o seguir los evangelios.

El Ku Klux Klan, la organización racista que ejercía actos de violencia contra la población negra liberada para mantener jerarquías raciales después de que el sur perdiera la batalla por la esclavitud, tenía como símbolo la cruz cristiana.

Pocos cristianos reales fuera de ese grupo reconocerían eso como representativo de sus convicciones, pero dentro de Estados Unidos la realidad es otra. Esta incoherencia e hipocresía moldea el sentido de las palabras con el que se divide la política. Como decíamos al principio, más que ideas que tengan una lógica interna, genera ideologías donde las palabras son vaciadas de sentido si es necesario para unir principios opuestos, y todo el mundo se acostumbra a usarlas como espectros conceptuales que esconden otra realidad.

A eso va unido un miedo de lo que ven como la pérdida del rol masculino y un fuerte rechazo al feminismo; y algo que molesta especialmente es la aparición de denuncias de acoso o abuso sexual.

Hay un interesante desarrollo sobre el acoso sexual en el trabajo, porque desde otras culturas no se llega a entender una postura fuertemente puritana en materia de relaciones en el ámbito laboral, restricción que, por un lado, puede evitar el uso de posiciones de poder para someter a unos a los deseos de otros, pero que, por otro lado, puede resultar exagerada al impedir que la gente se relacione libremente. Esto parece una consecuencia del mismo puritanismo religioso que ahora ve el movimiento Me Too como una simple avanzada marxista.

La interpretación que hacen los sectores religiosos politizados del desarrollo de las sociedad en torno a las minorías es de tono conspirativo. Mientras las minorías llegan a ser, en un mercado indiferente a los prejuicios, actores económicos importantes, derribando las barreras de prejuicios arcaicos, para ellos se trata de un plan de destrucción del orden moral y, con él, de todo Occidente. Por lo tanto, la batalla cultural requiere disciplinar a la ciudadanía para acabar con las políticas empresariales que favorecen y se identifican con la diversidad y con la programación de las plataformas de *streaming* que contienen personajes no binarios, todo lo cual ven como un plan perverso para transformar la cultura, y no como la simple actividad empresarial de suministrar a la gente lo que quiere, con base en un mayor conocimiento de la demanda y sin intención de ser una guía moral.

Este tipo de conservadurismo, al contrario que la evolución de la sociedad y del conocimiento disponible, quiere imponer primitivos y estrictos roles de género que considera como la normalidad, lo cual requeriría volver a marginar a las minorías sociales liberadas gracias a la evolución y al mercado para restablecer la supremacía de lo sano, lo propio de la «gente de bien», expresión esta última que Milei y sus allegados han adoptado como mantra. Ellos representan lo sano de la sociedad, por lo tanto hay una parte insana a extirpar.

Este pensamiento pretende que las reglas para vivir la vida y para regir el Estado se asienten en la Biblia. La cultura es vista como una entelequia colectiva a la que sólo pertenecen los «normales». La facción tiene un fuerte mensaje en todos los niveles en favor de la «normalización», que es la uniformidad de la sociedad bajo un modelo de género estricto vivido como una ideología. Su alcance es político, porque para nada parece ser la regla para la vida de los miembros de esa facción.

En la política, el señalamiento prejuicioso hacia una minoría como responsable de los problemas es una vieja y efectiva estrategia para construir un enemigo interno al que sea muy poco costoso demonizar y que pueda generar fidelidad, pasión, irracionalidad y violencia en el resto.

En épocas de frustración, esta estrategia funciona muy bien. La gente demanda explicaciones simples a una realidad con la que no está conforme y que no logra comprender, por lo tanto, se les provee de algún chivo expiatorio que sea fácil de identificar alrededor suyo y, a la vez, susceptible de ser atacado o extirpado a base de coraje.

Si algo tienen en común los líderes de la nueva derecha es su apelación al coraje; y es un coraje aplicado en realidad a poca cosa, porque luchan contra demonios peligrosos pero imaginarios, que son las personas más indefensas de la sociedad relegadas a una segunda categoría por presentar gustos o roles no conformes con lo que la mayoría fue educada para creer que era lo correcto y la única opción. Ésas son las características requeridas por todo «salvador». Y no es que el salvador altere sólo a las minorías, sino que convierte a las mayorías en salvados y, por lo tanto, en súbditos.

Detrás de esta idea de presentarse en el escenario político como la línea restauradora y moralizante hay otras ideas que identificar en los sectores religiosos conservadores. La proyección de temores sobre aquellos que son vistos como distintos y extraños está siempre presente. Los demonios se sacan afuera. En términos freudianos, lo que hacen es negar su «impureza» buscándola y atribuyéndosela a otros, proyectándola. Esa parte subconsciente es la que los hace más peligrosos.

En cambio, el cristianismo propone que el justo peca setenta veces siete, que nadie está en condiciones de tirar piedras para repudiar la conducta de los demás y que nada de esto es una cuestión del César.

También tienen sofismas para responder a algunas de estas cosas. Cuando en el Evangelio de Juan se habla de la mujer sorprendida en adulterio a la que Jesús rescata de la muchedumbre que la apedreaba y señala «el que esté libre de pecado que arroje la primera piedra», lo único que leen esos cruzados que juzgan vidas ajenas con fines políticos es que al final Cristo le señala «vete y no peques más». Con eso vuelven a la casilla número uno y otra vez se sienten habilitados para juzgar, porque Cristo la termina juzgando. Este comentario es recurrente; ellos creen que el «vete y no peques más» directamente deroga o borra lo principal de la alegoría, que es condenar a los que se creen en condiciones de condenar. La invitación final a no pecar más no devuelve a los atacantes la facultad de apedrear, que también es pecar, y mucho menos de organizarse políticamente para hacerlo, sino que reivindica esa facultad sólo para sí mismo.

Jesús ocupa el lugar de la conciencia, pero la interpretación interesada es que los declarados cristianos son los que deben mirar los pecados ajenos, el mensaje opuesto al original.

De nuevo, la incoherencia debe ser interpretada como ideología, es decir, como el producto que resulta de ser una cobertura para establecer una relación de poder, y no como una simple contradicción.

Así como en el cristianismo político el mensaje de amor al prójimo brilla por su ausencia, hay en cambio un gran *otros* al cual enfrentar y someter, presentando esto como la defensa frente a una infección. Al contrario, el cristianismo como doctrina pretende ser universal y sin exclusiones. Cuando el papa Francisco señala que homosexuales y transexuales pueden bautizarse y ser padrinos de bodas[23] pro-

23. «El papa Francisco autoriza a homosexuales y transexuales a ser padrinos o madrinas en bodas y bautismos», Cadena Ser, 9 de noviembre de 2023, <https://cadenaser.com/nacional/2023/11/09/el-papa-francisco-auto

voca una reacción de los sectores conservadores de la Iglesia que lo consideran su enemigo y de los que están detrás de ellos, sus facciones políticas.

La disociación es tan profunda que los líderes cristianos identificados con la ideología nacionalista cristiana hacen permanente referencia al Dios vengativo del Antiguo Testamento y no a las ideas de los evangelios cristianos, que van en sentido opuesto a lo que ellos difunden.

Sin embargo, muchas personas se preguntan si la modernización respecto a todos estos aspectos relativos a la sexualidad y al género no ha ido demasiado lejos. Si acaso, desde la izquierda no se usan estos temas tratando de imponerlos o incluso de deformar a las nuevas generaciones y llevarlas fuera de «lo natural». Ése es un escepticismo conservador, pero lo que tratamos de desentrañar aquí es cómo la corriente de la nueva derecha trata la cuestión como una guerra cultural, y lo hacemos para definir el proyecto político amplio en el que se ubica Milei y cómo tal proyecto se opone a una mayor libertad explicándola como si fuera una conspiración.

No se puede comprender el rol que juega la apelación al cristianismo por parte de la política actual sin contemplar las contradicciones que les son inherentes como ideología. Después podremos ver cómo ubicar en parte a nuestro personaje en ese cuadro.

La incoherencia fundamental de esta ideología la podemos encontrar en la historia. La esclavitud se prolongó en

---

riza-a-homosexuales-y-transexuales-a-ser-padrinos-o-madrinas-en-bodas-y-bautismos-cadena-ser/>.

Estados Unidos y las colonias que lo precedieron durante 250 años, que van desde la llegada de los primeros africanos secuestrados al territorio americano, a principios del siglo XVII, hasta la sanción de la decimotercera enmienda, en 1865. Pero las tribulaciones de la población negra continuaron después de eso durante un siglo más, y hasta perdura hoy en parte, tanto de manera abierta como sutil.

Tuvo que ocurrir un movimiento rebelde, al que también se lo descalificaba como izquierdista igual que a las reivindicaciones del presente, para que se derogaran las llamadas leyes Jim Crow, que, en los estados del sur, establecían reglas en cuanto al acceso a los derechos políticos, a la segregación por el color de la piel en las instituciones públicas y en el transporte, a la prohibición de matrimonios interraciales, etcétera.

La esclavitud no era lo que hoy conocemos como racismo, era la privación de toda libertad de los esclavos traídos desde África. En cambio, el racismo es el dispositivo cultural que reemplaza la esclavitud, en su búsqueda de mantener una jerarquía que, de manera más o menos consciente, perpetúe la supremacía blanca. Lo que enseña el proceso de la creación y sanción de la enmienda decimocuarta es que lo republicano y liberal está conformado por ideas, instituciones y costumbres, no sólo por leyes formales. La práctica política puede ser muy distinta a la de la ley y la Constitución.

Actualmente, el movimiento Black Lives Matters, al que también se etiqueta como de extrema izquierda, protesta contra actitudes de gatillo fácil por parte de las fuerzas policiales respecto de la población afrodescendiente. Los fundadores y dirigentes del grupo podrán adscribirse al marxismo, pero ¿es marxista oponerse a la brutalidad policial contra un grupo? Cabría preguntarse si estos líderes no son empujados a la izquierda por el rechazo de la derecha a sus protestas tildándolos de hostiles, con lo cual la ubicación en el espectro de ideas termina convirtiéndose en una profecía autocumplida, que es lo mismo que lógicamente pasará con los miembros de otros grupos que tengan que abrirse paso en medio de una hostilidad más o menos sorda. Además, según algunas interpretaciones que sorprenden por lo retorcidas, se quiere ver una actitud colectivista en unirse contra el prejuicio, en lugar de ver en el prejuicio al colectivismo y en la resistencia una forma de resistirlo. Mientras el prejuicio implica descalificar a una categoría de personas o ubicarlas por debajo en la escala social, colectivamente, la gente que se une para resistir, lo hace para evitar las consecuencias de ser colectivizada. Pero estas miradas le llamaran colectivismo sólo a la propuesta defensiva.

Claro que, desde la cada vez menos útil perspectiva de la derecha y la izquierda para describir ideas, se puede encontrar en la defensa de estas y otras causas una inspiración tanto para la igualdad liberal clásica como para el igualitarismo socialista; pero eso también se puede explicar por la polarización que termina contaminando las discusiones, y, por otra parte, justifica la segregación. Es decir, identificar en la argumentación defensiva un igualitarismo que vaya más allá de la igualdad ante la ley y de la igualdad de dignidad de las personas con independencia de su color de piel, no habilita la argumentación opuesta de un antiigualitarismo basado en la supremacía racial. Si ésa es la polarización, tenemos que examinar los nexos de causalidad, porque, si lo derechista es la segregación, la antisegregación se volcará a la izquierda para encontrar refugio sin ninguna duda. Así pues, etiquetar las protestas de las minorías como socialistas se convierte en una cobertura o justificación del más brutal segregacionismo racista, sexista y xenófobo. Todo eso en nombre de Cristo.

Tal vez sea ésta la explicación de por qué, mientras en tiempos de la guerra de Secesión estadounidense y la ratificación de la decimotercera enmienda (en 1865), por la que la esclavitud quedó abolida, el Partido Republicano era el que se oponía a la esclavitud, mientras que el Partido Demócrata se identificaba con la causa del Sur. Las leyes Jim Crow eran propuestas por los demócratas en aquella época, pero los racistas se consideraron traicionados cuando la resistencia falló. En la actualidad, en Estados Unidos, los roles se han invertido en cuanto a la defensa de la situación de las minorías en general.

Los significados, los valores y las aspiraciones de derechas e izquierdas llevaron estos asuntos al otro lado de la balanza en ese proceso, convirtiéndose la polarización en un obstáculo para la comprensión y el tratamiento de los problemas por lo que son, porque están mediatizados por la particular visión de cada bando. Hoy, MAGA es la facción que congrega a los herederos del Ku Klux Klan, no el Partido Demócrata.

Así, vemos como el sentido particular que van adquiriendo las palabras con las que queremos definir a los políticos lo cambia todo. El mismo cambio no se repite de igual manera en todos los países, lo cual genera un obstáculo mayúsculo de comunicación para describir adscripciones de ideas o ideologías.

En esta asociación de conceptos en la política de Estados Unidos, el término *cristianismo* se configura en esa historia en la que una parte importante de sus líderes y seguidores provienen, primero, de la tradición esclavista y, luego, de la segregacionista, y ahora componen un polo identificado con las palabras *derecha* y *conservadurismo*. Es un polo que rechaza cualquier tipo de protesta grupal por su situación en cuanto a su valoración social o al tratamiento que reciben de los organismos públicos, porque no estar de acuerdo con una situación y protestar es de izquierda. Se trata de una defensa del *statu quo* tradicional y de una apropiación del pasado como si representara lo cristiano. Los pecadores y herejes son así reemplazados por los «distintos», los «no normales». No hay intención de evangelización, sino de separación y deportación, en todo caso.

Lo liberal también queda transformado en esta incoherencia que se hace natural entre racismo y defensa de la libertad individual. Estados Unidos se pasó cien años hablando de libertad existiendo esclavitud, y otros cien años lo hizo existiendo segregación. Ahora, todo eso viene mezclado con homofobia y espíritu teocrático. Lo izquierdista, socialista y hasta comunista es oponerse a la supremacía de los religiosos y pensar que todo el mundo merece respeto en cuanto a lo que quiere para sí.

Ésta es a su vez la asignación que se hace del término *socialista*, porque todo lo que no represente *su* libertad, de la que no gozan todos, se tilda de socialista, aunque oponerse a la segregación es una defensa de la libertad en el plano de las ideas, aunque aquí hablamos de ideologías y, por lo tanto, las ideas se ponen al servicio de otra cosa, hasta de ideas opuestas.

El paleoliberalismo vendría a ser la expresión de esta mezcla de principios antitéticos pero ya reivindicados en su incoherencia: un liberalismo de chicos malos que se identifica con su color blanco, su heterosexualidad (al menos oficial), su racismo y su xenofobia. De tanto abundar en esa incoherencia, se termina poniéndola sobre la mesa y sosteniéndola como encomiable. En la superficie quedan las palabras vaciadas de su sentido.

John R. Rice (1895-1980) fue un influyente líder religioso baptista, fundador y editor de la revista *The sword of the Lord*, que defendió la segregación racial, incluso dentro de las iglesias, como un mandato bíblico. Según Rice, todo el movimiento por los derechos civiles de las décadas del 50 y 60 estaba liderado por «socialistas, comunistas, líderes negros profesionales y pagados y políticos que esperan ganar votos, que fomentan enemistades, lanzan epítetos, amenazan con la fuerza e incitan al odio».

La dialéctica es idéntica a la que hoy se utiliza contra quienes son favorables a la inmigración, a la aceptación de la diversidad sexual, a escuchar las quejas por la brutalidad policial contra la población negra y al respeto por la diversidad de género. Todos son tratados de anticristos, comunistas, sobornados y agentes del odio. Es un formato reiterativo que define unos tipos particulares de cristianismo, conservadurismo y liberalismo, que tienen enfrente un marxismo que se han creado a su medida y que no es tal.

También según Rice: «Es mejor que tanto los negros

como los blancos se asocien con personas de su propia raza y se casen con personas de su propia raza. La mezcla de razas muy diferentes casi nunca es sabia... Así que, si una chica haría mal en casarse con un chico negro, estaría equivocada en mantener relaciones con él, mezclándose regularmente con él en la vida social».[24] (Nótese que, cuando habla de que «una chica» no debería casarse con un chico negro, no cree que tenga que aclarar que se refiere a una chica blanca.)

En aquel proceso del establecimiento de los derechos civiles de la población afroamericana, otro concepto apareció como auxiliar de esta ideología, aunque no le pertenece naturalmente: el de federalismo.

El mismo razonamiento que sostenía el derecho de cada estado a continuar siendo esclavista (una cuestión de jurisdicción) se repetiría en las disputas sobre la segregación y sería luego el argumento por el cual la Corte Suprema cancelaría su propia doctrina sobre el aborto, fijada en el caso Roe contra Wade.

Tal argumento es una manera de convertir asuntos de libertades fundamentales que están en la esencia de lo que entendemos como el sistema político de Estados Unidos en una mera cuestión de jurisdicción, donde la jurisdicción es lo que no puede ceder, así que deben ceder los derechos. Si había esclavitud, era un problema de los estados; lo mismo si había segregación racial o sexual o de género o se determinaba hasta dónde llegaba la autoridad del estado en

24. Véase: <https://medium.com/the-radical-center/the-open-racism-of-christian-fundamentalism-a24c34e71c15>.

cuestión en materia de aborto. El federalismo, cuyo fundamento, dentro de la concepción filosófico-política de los padres fundadores, es la preservación de la libertad mediante un mecanismo que garantice la distribución del poder, queda totalmente desvirtuado y se convierte en una barrera a causa de la cual no se puede cuestionar la intromisión estatal en la vida privada.

Con los años, la doctrina constitucional de la Corte Suprema pasa de validar inicialmente esta dualidad de valores en nombre del federalismo a reconocer, en nombre de los valores constitucionales esenciales, que no hay jurisdicción que pueda avasallar las libertades básicas.

Se trata, de todos modos, de un federalismo instrumental también. Antes de retirarse de la carrera a la Casa Blanca para 2024, el exvicepresidente republicano Mike Pence mencionó que se proponía impulsar una prohibición federal del aborto más allá de la sexta semana de embarazo.[25] Esto ilustra que el principio del federalismo en esta corriente política es también plenamente auxiliar de una agenda moral y que puede prescindirse de él en función de ésta.

Otro de los autores en los que se pueden encontrar los orígenes de este particular cristianismo yendo atrás en la historia es Robert Lewis Dabney (1820-1898), un influyente ministro presbiteriano y supremacista blanco que se oponía a la secesión pero sirvió en el ejército confederado y era

25. Colvin, Jill, «Pence would ban abortions when pregnancies aren't viable. His GOP rivals won't say if they agree», *The Associated Press*, 12 de julio de 2023, <https://apnews.com/article/mike-pence-abortion-views-2024-election-e5b236c27bc9c86f77efedbeedb26520>.

un defensor de la esclavitud y del llamado idealismo del Viejo Sur.

En nombre de Cristo, Dabney se oponía a la liberación de los esclavos, a la ciencia moderna, al voto de los exesclavos libertos después de la guerra y a la educación gratuita, en ese último caso, tanto para blancos como para negros.

Es claro que lo cristiano en la política adquiere siempre características propias que nada tienen que ver con el mensaje de Cristo, sino con un determinado proyecto de poder de unas jerarquías que se quieren legitimar usando las creencias populares más arraigadas, como la fe, de la misma manera que en Rusia la Iglesia ortodoxa sostiene las ambiciones de un autócrata, pero no por seguir la lectura de los Evangelios. Lo mismo pasa con ese espíritu federalista que es invocado sólo en un sentido ideológico no expresado, que debe ser descubierto, es decir, privado de su cobertura.

Ni siquiera es tan simple definir a esta facción como anticomunista, porque comunistas son todos aquellos que no quieren adscribirse a esos valores del Viejo Sur. No se enfrentan con comunistas, sino que llaman comunistas a cualquiera que se les oponga o que ellos odien. En la medida en la que defienden una moral común ya planificada centralmente y un nacionalismo como proyecto colectivo y restrictivo excluyente, ellos podrían ser tildados de comunistas con mayor precisión y sentido.

Ésa es la razón por la que de todo lo ideológico de la actualidad es necesario hacer una anatomía, una autopsia y una historia; de otro modo, no sabremos de qué ideas y proyectos estamos hablando en la era de la posverdad.

Las mutaciones no son casuales, detrás hay concepciones difíciles de sostener abiertamente desde el punto de vista moral, jurídico y político, de modo que en la batalla política se va disfrazando lo que se quiere, a veces de lo opuesto a lo que es. La idea que sirve de disfraz, de tanto forzarla, sufre cambios hasta llegar a ser irreconocible. Son identidades e ideas que no se producen desde la filosofía, sino desde una particular historia política, desde una específica búsqueda de obtención de poder y desde el mantenimiento de intereses concretos.

El cristianismo político del que hablamos contiene también ese componente fundamental nacionalista, resumido en el eslogan «America First», mientras que el cristianismo real tiene carácter universal. Pablo de Tarso (san Pablo), que promovió el peregrinaje cristiano y la evangelización, sería visto hoy como un globalista por sus pretendidos seguidores contemporáneos.

En Argentina, eso es lo que al nacionalismo católico le atrae de MAGA y lo acerca a una forma religiosa básicamente protestante. Han sido siempre antiestadounidenses, pero han encontrado un Estados Unidos trumpista que se les asemeja mucho, que hace que las diferencias religiosas puedan dejarse de lado. En Estados Unidos, por otra parte, el catolicismo es parte de MAGA, y constituye un frente de resistencia al papa Francisco.

El eslogan «America First» fue utilizado por primera vez a nivel nacional en la campaña presidencial de Woodrow Wilson de 1916 como propaganda de su política de mantener a Estados Unidos fuera de la Primera Guerra Mundial, pero estaba inspirado en el espíritu del llamado «excepcionalismo» del país, así como en el entendimiento de que, concluido el conflicto, Estados Unidos surgiría como el gran líder del mundo debido a su neutralidad y a la situación de destrucción en la que quedaría Europa. Esa misma idea de excepcionalismo remite a lo diferente que es la historia de un país basado en una idea de libertad, con un Estado secular y con limitación de poderes, algo que cambia de sentido con el nacionalismo, entendido como algo que es independiente de esos valores y es propio de una identidad nacional.

Después, el «America First» se asoció al aislacionismo y al espíritu antiinmigración, y también se convirtió en lema del Ku Klux Klan para expresar su visión de supremacía blanca, porque, para ellos (como ocurre con los cristianos políticos), América la formaban sólo los blancos.

Más tarde, el grupo de presión America First Committee defendería otra vez la neutralidad de Estados Unidos, en este caso respecto de la Segunda Guerra Mundial, y hasta simpatizó con la causa de Hitler.

Una nueva resignificación ocurre con Donald Trump, que toma el término como su eslogan de campaña en 2016, con un énfasis en el proteccionismo comercial respecto de China y México muy particularmente.

En 2016, Trump, entonces aspirante a la Casa Blanca, hacía esfuerzos por mostrar su simpatía por la minoría LGBTQ+ con el objeto de sustraerse a las críticas a la derecha alternativa, o *alt-right*. Lo mismo puede decirse al respecto de Milei. Antes de producirse en él esta especie de epifanía pos-Conan (el perro de sus amores muerto), Milei hablaba del poliamor y del sexo tántrico y decía que mientras la izquierda se metía en la billetera de la gente, la derecha se metía en sus camas.

Steve Bannon, principal asesor político del expresidente e ideólogo esencial del movimiento MAGA, sigue la línea de Benedicto XVI y entiende que el llamado «*lobby* LGBTQ+» mina las bases de la cultura occidental y de la familia, al igual que lo hacen las teorías de género y el feminismo. Bannon hizo de estas confrontaciones un populismo, una forma de ver la política nacional y mundial y una pugna personal con el papa Francisco. A medida que esta línea doctrinaria fue tomando peso, incluso después de su derrota en 2020, Trump incorporó varios de los mantras del movimiento. En la campaña hacia la presidencia de 2024, se está sumando a la retórica contra las personas transexuales, el debate sobre qué baños públicos debían utilizar y su participación en los deportes.

Sin embargo, esas posturas tomadas por Trump respecto a las minorías en la campaña de 2016 que lo llevó a la presidencia fueron utilizadas contra él por su contendiente interno, el gobernador de Florida Ron DeSantis —quien es su principal contendiente interno hoy, aunque muy de lejos— en la campaña hacia el 2024. Hoy por hoy, aquellos gestos, como el de levantar la bandera LGBTQ+, son algo inaceptable en el movimiento MAGA.

Esa tendencia tiene en el trumpismo más fuerza que el propio Trump. Él, por ejemplo, muy lejos de ser un antivacunas, fue quien volcó importantes recursos para desarrollarlas, pero sus seguidores sí son en muchísimos casos antivacunas, aunque cuando las critican dejan indemne a Trump.

Con DeSantis pasó algo similar. Él dispuso confinamientos y fue muy duro al respecto. Pero, por la presión de sus bases, se convirtió en un cuestionador de toda medida restrictiva y se entrometió incluso en las decisiones de prevención de las empresas privadas. Cuando le preguntaban si se había vacunado, éste no respondía..., parecía avergonzarle.

Volviendo ahora a la realidad de Argentina, Milei comenzó su ascenso lejos de la corriente religiosa que iba a la caza del fantasma del «marxismo cultural». Pero todo cambió cuando, al ser no muy bien tratado por los liberales locales debido a sus excentricidades y su costumbre de insultar a todo el mundo, confluyó con Laje, Márquez y los planes de Chafuen para convertir ese liberalismo en trumpismo.

Javier Milei tiene una historia personal complicada, con antecedentes de haber sufrido violencia física y psicológica por parte de su padre, un perfil que está muy bien descrito en el ya mencionado libro *El loco*, de Juan Luis González, que también se adentra en su vínculo personal con Laje y Márquez. Para estos últimos, militantes en la guerra contra las minorías declarada por las religiones cristianas, fue la oportunidad de encontrar a alguien popular que pudiera ascender en la política al estilo de Jair Bolsonaro y Trump y que impulsara proyectos espejo del de Vox en España.

A su vez, los llamados liberales católicos perseguían el mismo propósito unidos a ellos. Ya se habían hecho simpatizantes de Donald Trump, y comenzaron a ver a Milei con otros ojos a partir de que él hizo ese cambio. Por eso sería un error pensar que la cercanía a los liberales católicos compite con la cercanía al trumpismo. Ocurre exactamente lo contrario, pues son tendencias afines unidas más allá de cómo definen su pensamiento hacia afuera.

Fue en mayo de 2021 cuando Milei hizo suya esa voz contra el jefe de gobierno de la Ciudad de Buenos Aires, Rodríguez Larreta, quien había escrito un tuit de apoyo a la celebración de la diversidad respecto a la orientación sexual y la identidad de género. Tal como si fuera un rito iniciático, Milei fue dando muestras de fidelidad a la mitología *alt-right*, que tiene como *leitmotiv* la fobia a todo espíritu diverso y cosmopolita tildado de globalista.

Ésa es la otra arista importante de este cristianismo político, que se resume en que conlleva un programa de pureza que llama «cultural», pero que estría mejor identificado como de pureza de género o de orientación sexual. En ese sentido, ellos presentan cualquier variante fuera del binarismo de género, más que como un pecado reducido al ámbito de los creyentes, como un atentado contra la cultura humana en sí misma, al menos la occidental.

No se habla en nombre de la fe de cada uno o de una parte de las personas, sino de Occidente en su totalidad, cuyos cimientos se encontrarían debilitados por la existencia de la homosexualidad o la bisexualidad, y sobre todo por la transexualidad y el aborto; y según ese esquema mental, el peligro sería que la izquierda habría descubierto que promoviendo tales cosas lograría derribar todo un *statu quo* occidental tradicional para reemplazar la democracia liberal por el socialismo. La sexualidad y el género ya no tendrían una dimensión personal o moral, sino que implicarían una toma de posición política fundamental.

La realidad es que, en nuestra era, Occidente parece representar otra cosa, una idea de libertad personal. El modelo del que hablan se parece más al de la teocracia iraní, que persigue y hasta ejecuta a quienes transgreden la sexualidad mayoritaria y aceptada.

Si observamos bien, este querer ubicar sus fantasmas en la izquierda no es más que una repetición de la manera en que los segregacionistas estadounidenses querían ver el movimiento por los derechos civiles, el cual buscaba terminar con las políticas de segregación. Para este cristianismo, todo lo opuesto al dogmatismo religioso sexual y de género sería un marxismo, así como lo era lo no blanco en su momento.

En Milei, esa ideología que en el plano de las ideas no puede calificarse de liberal de ninguna forma, entre sus seguidores se confunde sin ningún problema. Ellos interpretan el mensaje que se les proporciona desde los puestos de liderazgo, todos alimentan la retórica «neosegregacionista» de la nueva derecha. Se trata de su tema favorito. Milei repite la frase del «respeto irrestricto» y ellos ejercen el irrespeto irrestricto, que es el mensaje verdadero.

La suposición implícita que hay detrás de esta corriente es que las «contaminaciones» generadas por los no conformes con la debida disciplina social vienen de afuera, pues esa no conformidad no es de patriotas. Podría venir entonces, por ejemplo, de Oriente, pero allí, en muchas partes, el castigo al diferente es mucho peor. Pareciera que también hay que culpar de eso al espíritu cosmopolita que anida en las ciudades y que propicia el pecado y la decadencia al estilo de Sodoma y Gomorra. Es el mismo argumento que utiliza el régimen teocrático de Irán y el del dictador ruso

Vladímir Putin para argumentar que la homosexualidad proviene de Occidente. Al final, su origen geográfico no estaría muy claro, pero, en todo caso, todos coinciden en que hay que tener cuidado con el extranjero, el gay, las mujeres que se pasan de independientes (el feminismo les provoca una «crisis de la masculinidad») y con las fronteras. El chovinismo, por lo tanto, anida de la misma manera como otra prevención contra la contaminación de la sociedad «pura».

El nacionalismo incluso sobrepasa la consigna del cristianismo en cuanto a su límite mental. En Estados Unidos, la percibida invasión de inmigrantes desde México que pone en peligro la cultura nacional está formada por cristianos, pero eso no cambia nada, porque son igualmente extraños. Es aquí donde queda más claro el concepto de cristianismo como una definición etnocultural, y no religiosa.

El nacionalismo católico al que se acerca Milei es, a su vez y paradójicamente, una vieja rémora del más primitivo antiliberalismo de Argentina. Es una corriente que, como el trumpismo en Estados Unidos, se alimenta del resentimiento contra el inmigrante surgido en sectores que abrazan la idolatría al ente llamado *nación* como una manera de compensar el sentimiento de desplazamiento que experimentan por parte de grupos llegados de fuera (fundamentalmente de Italia y España) y que logran un repentino y amplio bienestar económico.

Desde esa postura se explicaba, a comienzos del siglo XX, que el mal de Argentina provenía del liberalismo de estilo anglosajón adoptado por la Constitución de 1853, inspirada en un proyecto de Juan Bautista Alberdi, de características similares a la del sistema de Estados Unidos.

Ese nacionalismo se refugia en una nostalgia del mundo premoderno y siente su adscripción religiosa como una seña de identidad personal ligada al tradicionalismo. Esa corriente se cuela en las fuerzas armadas, en parte del conservadurismo local y en la Iglesia. Es la versión argentina del falangismo español, que ve el liberalismo como la corrupción de las costumbres y una apostasía, que reniega del Estado secular y considera inseparable la religión católica del gobierno y de las reglas del derecho privado. Por influencia del auge de esas mismas ideas en Europa, tal corriente argentina permeó primero los sectores conservadores, y se constituyó en la ideología de los golpes militares desde 1930 en adelante; golpes militares en los que muchos liberales se veían tentados de apoyar, por oposición, a los gobiernos populistas que los militares derrocaban, lo cual también explica esa unión histórica y contra natura entre ideas contrapuestas a la que la cotidianidad nos acostumbra.

El nacionalismo católico no es más que un fascismo local del que surge luego el peronismo, nacido a su vez de uno de esos golpes militares contra el presidente Castillo, en 1943, que también estaba absorbido por la corriente nacionalista y hasta se había negado a posicionarse a favor de los aliados en la Segunda Guerra Mundial.

El mismo nacionalismo local había llevado al presidente Hipólito Yrigoyen (1852-1933), derrocado por el golpe del fascista José Félix Uriburu (1868-1932) en 1930, a la creación del primer elefante blanco estatista de Argentina, la petrolera Yacimientos Petrolíferos Fiscales (YPF), un gigante que décadas después se convertiría en símbolo del fracaso de las iniciativas empresariales del Estado al ser la única petrolera del mundo que produjo pérdidas sistemáticas y cuantiosas.

De todo ello se desprende la idea de que la unión de Javier Milei con ese nacionalismo católico sea tan paradójica como la que ocurre en Estados Unidos entre libertarios y el movimiento MAGA. Pero, a su vez, son los libertarios de Estados Unidos los que influyen para producir el cambio en el concepto de liberalismo hacia la versión «paleoliberalista».

Milei se suma a la tendencia trumpista desde que es rodeado por el nacionalismo católico, algo que se refuerza con la campaña contra el aborto. Siempre ha expresado su simpatía por el presidente estadounidense, a quien ve como un adalid de la lucha contra el socialismo. Repitió todas las realidades paralelas que Trump difundía, como el supuesto fraude electoral en Estados Unidos en 2020, y se declaró naturalmente unido a él y a Bolsonaro.[26]

Pese a que muchos liberales siguen negando este vínculo político —lo cual no resiste la más mínima observación—, Donald Trump felicitó calurosamente a Milei por su victoria considerándolo uno de los suyos. El presidente argentino, que elogia a Trump efusivamente cada vez que lo menciona —diciendo, por ejemplo, que su paso por el poder había sido un avance muy importante en defensa de las ideas de la libertad—, recibió la felicitación como un fanático seguidor más del líder de MAGA. Trump le dijo: «Todo el mundo estaba mirando..., y estoy muy orgulloso de usted... Hará

26. «Javier Milei: "Mi alineamiento con Trump y Bolsonaro es casi natural"», *Perfil*, 29 de septiembre de 2021, <https://www.perfil.com/noticias/actualidad/javier-milei-mi-alineamiento-con-trump-y-bolsonaro-es-casi-natural.phtml>.

a Argentina grande otra vez». Milei se lo agradeció, y le respondió que esperaba conocerlo pronto.

El autócrata húngaro y prorruso Viktor Orbán es otro de los líderes de la derecha antiliberal que felicitó a Milei como un aliado. Contó en su cuenta de X (antes Twitter): «Recientemente llamé al presidente @JMilei para felicitarlo por su asombrosa victoria en las elecciones presidenciales argentinas. ¡Esperamos trabajar junto con un verdadero #patriota! ¡Nos vemos en la inauguración en Buenos Aires!».

El presidente argentino también participó en el CPAC (Conferencia Política de Acción Conservadora) en México en noviembre de 2022, bajo el lema «Viva la libertad», que cumple las características de la historia ideológica de la derecha cristiana.

En cuanto a su masa de seguidores activos en las redes sociales, son hijos de estas transformaciones. Así como se identifican con Milei, lo hacen también con Trump, Bolsonaro, Abascal (Vox), Meloni y hasta con Vladímir Putin, aunque este último fervor se fue apagando a medida que la invasión rusa sobre Ucrania se hacía más impopular e iba cosechando fracasos y retrocesos. Se ven a sí mismos como «patriotas», que es la nueva palabra con la que se denominan a sí mismos los nacionalistas como Orbán. Su referente Agustín Laje repetía la propaganda rusa en el sentido de que aquel país tenía derecho a actuar sobre su «ámbito de influencia» y que sólo buscaba su integridad como nación.[27] Eso es como decir que, a la vez que sostienen que

27. Véase: <https://x.com/josebenegas/status/1664320952392466441?s=20>.

hay un problema de globalismo que no respeta las fronteras nacionales, ellos, en nombre de sus cruzadas, tienen derecho a derribar las fronteras de otros países. Además, Laje eligió usar a Ucrania para quejarse del hecho de que el feminismo no dijera nada de que dicho país prohibiera la salida del país sólo a los varones, pues les tocaba a ellos luchar.[28]

Sus seguidores en las redes son antiinmigrantes y se declararan integristas religiosos en muchos casos. En su mayoría, tampoco es que sean religiosos propiamente, sino partidarios de ese cristianismo como ideología política que circula en la actualidad.

Conservadurismo

Lo anterior nos lleva a la segunda transformación terminológica, la de un término relacionado con las ideas de Milei, que es *conservadurismo*. En general hablamos de un conservador como alguien que tiene cierta desconfianza a las innovaciones o que directamente las rechaza. Todos tenemos rasgos conservadores en algunas cuestiones, y todo el que busca cambios se ve obligado a fundamentarlos para vencer esas resistencias. Pero, en un sentido político, lo conservador cambia mucho con el tiempo y tiene contenidos diferentes en cada país.

En Argentina, por ejemplo, el partido conservador pro-

28. Véase: <https://www.tiktok.com/@aguslaje/video/7068425085463416070>.

piciaba las libertades de la Constitución, en oposición a los socialistas. El presidente conservador por antonomasia de Argentina fue Julio A. Roca (1843-1914), que en el año 1884 expulsó al nuncio apostólico Luis Mattera por la campaña que éste organizó en contra de la Ley 1420, que establecía la educación básica gratuita, obligatoria y laica, y que se la quitaba de las manos al monopolio de la Iglesia —postura antiliberal que comparte hoy el flamante secretario de Educación de Milei, Carlos Torrendell, como veremos al hablar del Milei poselectoral—. Privar a la Iglesia del monopolio de la educación significó una ruptura histórica entre ésta y el liberalismo local, identificado entonces con los conservadores. El cambio ocurrió cuando las ideas fascistas llegadas desde Europa potenciaron esa unión entre Iglesia y nacionalismo y transformaron a los propios conservadores.

En la década de 1980, los conservadurismos en Estados Unidos y el Reino Unido estaban representados por Ronald Reagan y Margaret Thatcher respectivamente. Reformistas en lo económico, ambos vinieron a revivir la confianza en la iniciativa privada y a retirar al Estado de los negocios. Ambos también debieron primero enfrentar las resistencias dentro de sus propios partidos, que se habían habituado a sostener regulaciones y proteccionismos. Durante la época que protagonizaron tomó fuerza la idea y práctica de la globalización, amplificada por la caída del Muro de Berlín, hecho histórico que parecía haber dado paso a un mundo, a grandes rasgos, unificado bajo los principios vencedores de la democracia liberal, con una producción especializada y distribuida por distintas partes del mundo y capaz de promover acuerdos regionales para eliminar barreras arancelarias al comercio.

Ése es un conservadurismo muy distinto al de Trump o al del Brexit, de corte proteccionista. Milei llegó a decir que dejaría de comerciar con China y Brasil por ser países comunistas, sin percatarse de que, además, son los más grandes compradores de los productos que exporta Argentina. Después, sus voceros tuvieron que salir a arreglarlo diciendo que se refería a los tratos de gobierno a gobierno y que en verdad no tendría relaciones diplomáticas con esos regímenes; y después también tuvieron que arreglar eso y dar señales de acercamiento con los dos gobiernos. En el caso del Brasil de Lula da Silva, dejó allí al embajador argentino designado por Alberto Fernández, el peronista Daniel Scioli, que se enfrentó con Macri en 2019 en la carrera a la presidencia y a quien Milei había asesorado en esa ocasión, con el objeto de zanjar discrepancias con el presidente brasileño.

En el caso de Vladímir Putin, Milei fue ambivalente. Al principio condenó la invasión a Ucrania por sugerencia de gente cercana a él, pero no dijo nada más. Como mencioné, la mayoría de su gente se adhería efusivamente al agresor en las redes. Una semana antes de su victoria frente a Sergio Massa en las presidenciales de 2023, Milei le dijo a Jaime Bayly (en una entrevista en el Hotel Alvear de Buenos Aires para su programa de televisión en Miami) que condenaba por igual al régimen chino, a Lula y a Putin, y afirmó que no tendría ningún vínculo con ellos. En realidad, Milei asintió cuando Bayly le preguntó si también condenaba a Putin, y dijo que sí, llamándolo dictador. A la hora de ratificar su rechazo a los dictadores, Milei no mencionó a los mandamases de Nicaragua, Venezuela o Cuba, pero sí incluyó a Vladímir Putin.

Yendo un poco atrás, en el caso de Ronald Reagan, como ya he comentado, su «revolución conservadora» (como la llamaba el periodista y economista Guy Sorman), se nutría en parte de lo que se denominaba la «mayoría moral»,[29] como las primeras muestras de lo que sería más tarde el nacionalismo cristiano que termina convirtiéndose en otra «revolución conservadora» diferente tras Donald Trump, al tomar éste el control del Partido Republicano.

En el conservadurismo actual, la llamada «mayoría moral» no se une a un planteamiento liberal como el de Reagan, capaz de entender la economía y también la ética de la inmigración, capaz de dictar una amplia amnistía para las transgresiones a las extremadamente restrictivas regulaciones sobre la materia, sino que se adhiere al nacionalismo xenófobo que cuestiona la globalización bajo la teoría de que existe una conspiración de izquierdas y que impulsa un gobierno mundial, pero que no es más que nacionalismo de siempre.

El trumpismo, a diferencia del reaganismo, favorece el proteccionismo nuevamente y tiene simpatías con el heredero y nostálgico del imperio soviético Vladímir Putin, dado que los une la aspiración de disciplinar a la sociedad bajo unos «valores conservadores», alejada de lo que se dice

29. Esta expresión la adoptó después Jerry Falwell (1933-2007) para crear la organización política Moral Majority [Mayoría Moral] en Estados Unidos, *lobby* ultraconservador y fundamentalista cristiano que actuó entre 1979 y 1989. En 2004, Falwell creó la nueva organización Moral Majority Coalition, con semejantes planteamientos.

que es la «feminización» de Europa y con el nuevo cristianismo como telón de fondo. Contrariamente a esta idea, los primeros opositores a la globalización vinieron de la ultraizquierda, como la que se manifestó en Seattle con ocasión de la reunión de la Organización Mundial del Comercio en 1999 y hasta en encuentros del Foro de São Paulo, que ostenta la etiqueta de izquierdista.[30]

La idea de «mayoría moral» remite a una supremacía de la llamada «normalidad». La política debía favorecer y concentrarse en esa mayoría y guiarse por sus estándares, que eran los mismos que predicaban las Iglesias cristianas, de acuerdo con la interpretación de este grupo. Sin embargo, no tenía el acento excluyente que tiene hoy en día, entre otras cosas porque en la década de 1980 no estaban desarrolladas las reclamaciones de igualdad de derechos de la población LGBTQ+, mientras que la actual «cultura sana» o «defensa de la familia» tienen un fuerte contenido de reacción contra esas reivindicaciones, en una suerte de vuelta atrás o de retroceso.

Como se ve, los mismos elementos, combinados en proporciones diferentes, dan como resultado conceptos de conservadurismo muy distintos.

La tendencia hacia la fusión entre religión y política no estuvo exenta de polémica dentro de los mismos republicanos en la década de 1980. El senador por Arizona Barry Goldwater (1909-1998), considerado el padre del movimiento conservador del que surgió la candidatura de Ro-

30. «XXIII Encuentro del Foro de São Paulo 2017: entre la globalización neoliberal y el proteccionismo imperial», Foro de São Paulo, 5 de julio de 2017, <https://forodesaopaulo.org/documento-base-23-encuentro/>.

nald Reagan, era muy enfático en su resistencia a la derecha religiosa. Decía cosas como la siguiente:

> Francamente, estoy harto de los predicadores políticos en todo este país que me dicen como ciudadano que, si quiero ser una persona moral, debo creer en A, B, C o D... Estoy aún más enojado como legislador que debe soportar las amenazas de cada grupo religioso que cree que tiene algún derecho otorgado por Dios para controlar mi voto en cada votación en el Senado... No me gusta la [llamada] Nueva Derecha. De lo que están hablando no es de conservadurismo [...], observad la carnicería en Irán, la violencia en Irlanda del Norte o las explosiones en Líbano, que surgieron de la introducción de asuntos religiosos en los asuntos del Estado; Estados Unidos ha evitado la intolerancia que ha dividido al resto del mundo con guerras religiosas [...], las facciones religiosas que están creciendo en todo nuestro país [...] como un elemento divisor que podría desgarrar el mismo espíritu de nuestro sistema representativo si ganan suficiente fuerza.[31]

Se ve con toda claridad que ambos conservadurismos eran de carácter muy distinto.

Incluso en aquellos años en los que tan sólo el 27 por ciento de los estadounidenses aceptaban la posibilidad de un matrimonio entre personas del mismo sexo (contra un 71 por ciento en 2022), Goldwater fue un pionero de los

31. Broder, David S., «Goldwater lashes religious pressure», *The Washington Post*, 16 de septiembre de 1981, <https://www.washingtonpost.com/archive/politics/1981/09/16/goldwater-lashes-religious-pressure/b1caa379-49fa-4e04-82de-dccda6f5e7f9/>.

derechos de los homosexuales y propiciaba su aceptación en el ejército. Hoy, el padre de aquel movimiento conservador estaría completamente marginado del Partido Republicano y hubiera sido tachado de RINO (*republican in name only*) o hasta de «marxista cultural», porque su parcialidad política se ha convertido en todo lo que él temía.

Otra de las figuras que resistió la aparición embrionaria de esta derecha religiosa en el Partido Republicano fue la intelectual individualista de origen ruso Ayn Rand (1905-1982). Ella consideraba alarmante de la administración de Reagan «su conexión con la llamada "mayoría moral" y varios otros religiosos de la televisión, que están luchando, aparentemente con su aprobación, por llevarnos de vuelta a la Edad Media a través de la unión inconstitucional de religión y política». Incomprendida por muchos, Ayn Rand le negó el apoyo a Reagan por esa faceta religiosa que él traía a las cuestiones públicas.

Ella hablaba de «los inútiles intentos de Reagan de despertar al país con algún tipo de atractivo inspirador. Tiene razón al pensar que el país necesita un elemento inspirador. Pero no lo encontrará en el pantano de Dios-Familia-Tradición».[32] No llegó a saber hasta dónde sus predicciones se cumplirían, porque murió en 1982.

Otro que vio el peligro de la reaparición de la religión en la política fue el músico y compositor Frank Zappa. En 1986, en una emisión del programa «Crossfire» de la CNN, ante sus asombrados interlocutores, Zappa presagió lo si-

32. Peron, James, «Ayn Rand vs. God's Own Party», Medium [web], 18 de mayo de 2018, <https://medium.com/the-radical-center/ayn-rand-vs-gods-own-party-324baf87a94e>.

guiente: «La mayor amenaza para Estados Unidos en la actualidad no es el comunismo. Es llevar a Estados Unidos hacia una teocracia fascista, y todo lo que ha sucedido durante la administración Reagan nos está encaminando directamente en esa dirección [...]. Realmente lo creo [...]. Cuando tienes un gobierno que prefiere un cierto código moral derivado de una religión específica y ese código moral se convierte en legislación para satisfacer un punto de vista religioso en particular, y si ese código resulta ser muy muy conservador, casi como el de Atila el Huno...». En una intervención de los polemistas, uno de ellos le señala que todo gobierno se estructura sobre la base de algún código moral, y Zappa aclara: «Moralidad en términos de comportamiento, no de teología».

Para muchas personas, las advertencias de Goldwater, Rand o Zappa sonaban exageradas, pero sólo unos pocos como ellos previeron la transformación que sufriría el Partido Republicano tras pasar por las revueltas del Tea Party y la irrupción del populismo de Donald Trump. Hoy, sus representantes más conspicuos sostienen que la separación entre el Estado y la religión es una afrenta a los principios fundacionales del país, y el Grand Old Party (así llamado también el Partido Republicano) es completamente irreconocible respecto de lo que era tan sólo siete años atrás.

No puede decirse que durante la administración de Reagan se cruzara la línea que supondría suprimir la separación entre la religión y el Estado, al menos más allá de las críticas gubernamentales al aborto y a la pornografía (sobre la cual se hizo énfasis en hacer cumplir las leyes contra la obscenidad). En el movimiento MAGA, los polos retóricos y antagónicos son Dios y el socialismo (ese socialismo resignificado).

Liberalismo

El tercer término o concepto que sufre considerables transformaciones es *liberalismo* (que encuentra su opuesto en el de *socialismo*). En el ámbito de lo liberal, una primera derivación del término se dio en la década de 1950, cuando parte de los liberales pasaron a llamarse *libertarios*, por su oposición a medidas de discriminación positiva y al aumento de los programas de ayuda del gobierno. Lo liberal quedó identificado con la socialdemocracia, mientras que lo libertario fue mutando hacia la idea de una sociedad autogobernada, sin Estado. En Estados Unidos también comenzó a llamarse *libertario* a aquello que en el mundo hispano llamaríamos simplemente *liberal* en términos generales. Eso nos deja en un terreno donde existe una gran incomunicación terminológica y conceptual en el fondo.

En la actualidad, lo libertario también ha sufrido una mutación con la llegada del llamado paleoliberalismo o libertarianismo, en la línea del llamado «libertarianismo realista» de Hans-Hermann Hoppe.[33]

Hoppe sostiene que la política se divide en un pensamiento igualitario, o de izquierda, y un pensamiento no igualitario, o de derecha, y que, naturalmente, el libertaria-

33. Hoppe, Hans-Hermann, «A realistic libertarianism», Mises Institute, <https://mises.org/library/realistic-libertarianism/html/c/595>.

nismo debería estar con el segundo, dado que se opone a la idea de igualdad, algo que no considera siquiera biológicamente sostenible, porque dice, entre otras cosas, que los blancos han evolucionado más que las personas de otros «colores». Hoppe, el autor favorito de los paleoliberales afines a Milei, niega la igualdad ante la ley y se opone a la empatía como tal, como si ésta fuera un mal.

Se trata en realidad de una utopía comunista, más que de una variante de un ideal de libertad. Esa utopía es más importante que las personas que vivirían en ella, que seguramente no se comportarían como piensa Hoppe, sino que tenderían a colaborar, que es lo que vemos en los mercados libres que los nacionalistas cristianos consideran infectados. Hoppe piensa en esas sociedades privadas y aisladas que se mantienen puras, dentro de su concepción de pureza, cuando la experiencia nos dice que, en libertad y excluyendo violencia y fraude, lo que hace la gente es eliminar las diferencias y encontrar intereses comunes.

La propuesta se resume en la supuesta naturalidad del libertarianismo de establecer una sociedad jerárquica, en principio racial y unas normas sexuales que preserven un sentido tradicional de familia, que, además, se ve como un modelo que deriva de manera natural del concepto de propiedad. Una propiedad que en realidad se encuentra mutilada desde el principio en tanto los miembros de la comunidad no eligen cómo se relacionan con el afuera sino desde una sola idea excluyente y común. Propiedad y disposición de la propiedad según los intereses y valores del propietario son cuestiones inescindibles si la libertad contractual está recortada por la política nacionalista común, pues no hay propiedad. Y Hoppe se sale de su barrio privado ideal, porque lleva al apoyo de estas políticas a nivel nacional, con la facción MAGA, es decir, que involucra a gente que jamás firmaría su contrato segregacionista y aislacionista.

El racismo subyacente en Hoppe se realizaría mediante contratos sociales segregacionistas, aunque no sabemos a dónde irían las personas segregadas. No parece haber en su hipótesis contratos sociales de tolerancia o que, simplemente, no se metan con la vida o el color de piel de los demás, siendo así que la libertad parece ser un valor inspirador de esa sociedad. En el ínterin, hasta que no se produzca la abolición del Estado, el control tendría que ejercerlo alguna forma de Estado nacionalista, porque, al excluir y hostilizar lo extranjero, se estaría reforzando un sentido colectivo de lo propio, que es eso mismo que piensan los nacionalistas desde siempre.

Para que se entienda mejor: según Hoppe, miembro del Mises Institute, ese modelo contractual, sin Estado, lleva irremediablemente a una segregación que se rige según los gustos y el color del propio autor y que conlleva la expulsión de los distintos. Para eso hay que deshacerse del Estado (idea propia del libertarianismo) como primer paso para posibilitar el reino moral en el que se quiere vivir; y ello supone una especie de opresión acordada, sin que se conciba que otros —tal vez la mayoría de los que se sienten oprimidos por el Estado— tampoco quieran ser agobiados por las ideas de Hoppe y sean partidarios de un cosmopolitismo mucho más coherente filosófica y éticamente hablando. Es así (como si dijéramos, por la puerta de atrás) como un tipo de cristianismo politizado encaja con un libertarianismo moralizante. No se puede buscar confluencia en esas ideas en términos racionales.

Las ideas de Hoppe no encuentran oposición en el mundo libertario; no han sido objeto de disputa y ni mucho menos de repudio. Yo hice mi humilde aportación sobre la cuestión,[34] pero el paleoliberalismo se ha impuesto más que nada por falta de resistencia o competencia en un ambiente intelectual dominado por fundaciones que tienen la necesidad de mantener sus estructuras y sus gastos de todo tipo, y que se han mostrado incapaces de promover hacia adentro una revisión de sus postulados. El libertarianismo estilo Hoppe se ha impuesto frente al silencio general, al mismo tiempo que la afición a Trump y la sintonía con su sistema de creencias.

El esfuerzo intelectual de Hoppe no está exento de contradicciones. La primera contradicción se revela en su punto de partida, que es el derecho de propiedad, y entiende, siguiendo a Murray Rothbard, que si todo pudiera darse en propiedad no haría falta otra regla de convivencia para el logro de la paz. Una de las conclusiones que se extraen de esta afirmación es que la convivencia, la paz, son valores importantes, son nada menos que el objetivo de las reglas de juego. Sin embargo, el desarrollo de su ideal implica separar, segregar, repudiar y establecer jerarquías, todo lo cual prescinde por completo del valor de la convivencia y la paz, además de romper el principio de la propiedad al restringir la libertad contractual.

34. Benegas, José, *Lo impensable: el curioso caso de liberales mutando al fascismo*, CreateSpace Independent Publishing Platform, 2018, <https://www.amazon.com/-/es/Jose-Benegas/dp/1986011976>.

La segunda gran contradicción es que, mientras sostiene que las personas somos todas diferentes, sí son iguales entre ellas las que componen un grupo de aquellos que segregaría. En su sistema de jerarquías racista, las personas blancas son superiores al resto, con lo cual todas las personas blancas tendrían que ser superiores debido a su color de piel, y el resto serían iguales en su inferioridad, debido a que no son blancos. El sistema de castas medieval, que Hoppe añora, implica igualitarismo dentro de la casta.

La única forma racional de entender las desigualdades desde la perspectiva de una sociedad libre es la individualidad. Cualquier parecido parcial a otra persona no me hace igual a ella más que en esa característica, cuya relevancia se pierde a cualquier otro efecto. De ahí se deriva lo que parece ser la incomprensión de Hoppe del concepto de igualdad ante la ley, que no está basado en que las personas sean iguales realmente, sino sólo en que son igualmente libres y que merecen ser tratadas bajo las mismas reglas, con independencia de cualquier diferencia. No hay jerarquías ni compiten entre ellas. Ése es un principio que no tiene una relación directa con la propiedad y que, por cierto, contribuye a la convivencia y la paz. La inteligencia que Hoppe atribuye a los blancos no genera derechos especiales. En realidad, en ese caso, la inteligencia es atribuida a un color de piel y no a ninguna prueba del individuo. Si una persona se destaca por su inteligencia en el mercado, obtendrá los beneficios de su ventaja, pero la ley no le tendría por qué otorgar preferencia alguna.

La corriente del anarcoliberalismo responde a un ideal de sociedad sin Estado. En esa sociedad imaginada por muchos otros autores, el único orden que habría provendría de acuerdos particulares. Los llamados bienes públicos que la teoría clásica pone en manos de una organización política que ejerce el monopolio de la fuerza y los provee bajo una forma democrática, el anarcocapitalismo entiende, desde la teoría económica, que podrían ser fruto de contratos con agencias de seguridad y de resolución de conflictos y seguros, porque los mismos incentivos irían en la dirección en la que van en el mercado, que es el ámbito libre de delitos y estafas en el que se desarrolla el intercambio de bienes y servicios. En el anarcocapitalismo, esas condiciones de ausencia de violaciones de derechos se impondrían por su propio peso gracias a los mismos «vicios privados que generan virtudes públicas» en el intercambio de bienes y servicios.

Lo que el anarcocapitalismo propone es que la paz, que es la ausencia de violaciones de derechos y que parecía interesarle a Hoppe, se logre privadamente. El liberalismo clásico quiere lograrlo por medio de un Estado sujeto al imperio del derecho (*rule of law*). Para unos y otros, el proceso de colaboración que sigue a la libertad individual era la aspiración. En ese sentido, el pensamiento de los anarquistas liberales era una continuidad de los mismos valores básicos, logrados de otra manera.

En la mutación que el liberalismo ha sufrido en los últimos años inclinándose hacia las posturas hoppeanas, el sistema de valores es completamente diferente. En realidad, el Estado no es un obstáculo por su ineficacia para la paz, sino para la segregación racial y cultural, la exclusión del extranjero y el diferente y la negativa a colaborar. Eso es todo lo contrario a los incentivos del mercado, en el que cualquiera de esas cosas se ve superada por la ventaja de comerciar y obtener beneficios.

La visión hoppeana, unida a un liberalismo que se mantiene encerrado dentro de parámetros confesionales, según la interpretación de las Iglesias cristianas, se impone, y se empiezan a difundir grandes falsedades, como vincular el liberalismo al nacionalismo, bajo el argumento de que los liberales fueron teóricos de lo que sucedía en Estados nación, o tergiversando a autores como Ludwig von Mises o Friedrich von Hayek, presentándolos como conservadores y proclericales. Quienes no estuvieran de acuerdo con esto y lo expresaran abiertamente quedaban excluidos de ese mundo de las fundaciones liberales. Desde esos ámbitos se creó el término *liberprogres* para aplicárselo a los herejes que no aceptaran las nuevas doctrinas.

Ése es el estado del liberalismo con el que se encuentra Milei cuando comienza su fama en los medios de comunicación. La alianza con los grupos nacionalistas católicos y con los nostálgicos del viejo partido militar se avecinaba sin duda alguna, salvo que él tuviera convicciones en contrario, aunque se ve que no las tenía.

En ese sentido, Milei es un liberal del postrumpismo, y tiene influencia en una generación de jóvenes que no tuvieron acceso a otra visión de liberalismo que ésa. Por eso son capaces de vitorear el «viva la libertad, carajo» y hacerse fanáticos de defensores del clericalismo y de eso que Ayn Rand llamaba el «pantano de Dios-Familia-Tradición», para después quedar encantados con las restricciones a la libertad que hay en Catar.

6

Unidos y confundidos

Estas tres corrientes modificadas, el liberalismo, el conservadurismo y el nacionalismo cristiano, confluyen en un proyecto político común, cuyo credo de base es el del último y la retórica y política económica se encuentra influida por los otros dos. Aparece la necesidad de reemplazar o al menos limitar el principio democrático de autogobierno por el principio jerárquico de la religión unida al Estado.

Esta ensalada de ideas no lleva a una sociedad contractual, más anárquica, sino a lo que pretende ser un gobierno de la cultura y la religión, es decir, un gobierno omnímodo y agobiante.

Los tres componentes desplazados de su eje conforman una nueva ideología que no responde estrictamente a ninguna de las tres, pero que, en ese nuevo orden, se alejan sobre todo del conservadurismo y el liberalismo, o libertarianismo. Este último queda reducido a algo llamado «liberalismo sólo en lo económico», y se orientaría hacia una sociedad que no podría ser más gobernada, más vigilada y menos anárquica.

Argentina se presta para ese experimento porque su economía se encuentra devastada, algo que lleva a muchas personas con un espíritu más liberal a aceptar lo que se avecina con todo lo añadido, porque se ve prioritario salir de una situación inflacionaria insoportable.

Cuando el liberalismo se conforma de esa manera tan inconsistente, se pone a la población ante la alternativa de decantarse para ese lado, con todo lo que trae por añadidura, o permanecer en el rumbo hacia el precipicio que lleva el país. Lo que no es para nada justificable es que el ambiente intelectual ceda por completo, tuerza sus convicciones y silencie la crítica, porque tal cosa no es necesaria para preservar ningún bien público o atender ninguna emergencia social. Tal vez lo sea para mantener posiciones de privilegio entre la estructura internacional de las fundaciones vinculadas al liberalismo católico.

En el movimiento de Milei, esto se refleja perfectamente en algunas cuestiones, como que sus apoyos provenientes del primitivo liberalismo comentan pura y exclusivamente sus definiciones en materia económica y que evitan toda referencia a quienes son sus aliados internos y externos y a sus manifestaciones sobre libertades personales y cultura, en materia como las teorías de género, las relaciones internacionales, el vínculo entre religión y política, las drogas y las minorías. No porque no quieran esos objetivos restrictivos, pues los quieren más que nadie, sino porque no quieren verse identificados como corriente que persigue esas metas. Estas cosas están como obturadas, y simplemente no las mencionan, mientras Milei sigue rindiendo tributo a la nueva derecha de todas las maneras posibles.

Con Milei, el primitivo liberalismo que se transforma establece el mismo tipo de vínculo que antes se formaba contra natura entre economistas pretendidamente liberales y dictaduras militares producto de golpes de Estado. Pero hay que reconocer que Milei no es el creador se esa fusión, sino la figura que la hace emerger.

Para él se presenta un camino trazado, del que aparentemente no se puede salir. La izquierda chavista pierde su lugar como enemigo para los sectores que toman rumbo hacia la nueva derecha. Ahora se trata de combatir al progresismo que habla de derechos LGBTQ+, ecología o racismo.

Ese progresismo definido por estos cruzados está representado por una llamada cultura *woke*, que simboliza mantener la atención para detectar injusticias que tengan que ver con ideas o prácticas de supremacía.

La confluencia cruzada, en cambio, se basa en la negación de la existencia de toda injusticia o prejuicio, cuando no en la directa defensa de la injusticia y del prejuicio. La protesta contra lo *woke* se transforma, por lo tanto, en la celebración de la segregación y en el desprecio festivo hacia cualquier cosa diferente, porque no se trata ya de una costumbre cuestionable, sino de una causa moral, la causa moral de las mayorías y los normales, de un hombre y una mujer, de la masculinidad como el principio ordenador, de los pantalones y las faldas, del fútbol y de las muñecas. Todo lo demás es el enemigo, la izquierda, el comunismo. Esto también necesita que lo *woke* sea demonizado, tratado como un fantasma, como el personaje Emmanuel Goldstein de la novela de George Orwell *1984*.

Una de las consecuencias de este cambio de paradigma de las derechas unidas al liberalismo es que desaparece el movimiento que resistía e intentaba terminar con los regímenes dictatoriales en Venezuela, Cuba y Nicaragua. Han cambiado por completo el enfoque. La derecha que lucha contra el «marxismo cultural» sostiene que el marxismo como tal no existe más, que ahora se ha transformado en las teorías de género.

Los nacionalistas católicos argentinos, que siempre fueron antiestadounidenses y simpatizantes del franquismo, el fascismo y el nacionalsocialismo, se sienten atraídos por Donald Trump, que configura al Partido Republicano como una facción nacionalista antiglobalista y que ve en George Soros otro demonio que, para mayor confirmación de sus fantasías, es judío y, según ellos, maneja todos los resortes del poder para consagrar un gobierno mundial.

Los nacionalistas católicos unidos a los liberales católicos encuentran una oportunidad nunca vista de llegar al poder prendidos en la estela de Javier Milei, quien acepta subordinarse conceptualmente a su mitología y encabezar las luchas que los obsesionan.

El origen de este pensamiento cerrado tiene asombrosos correlatos en la irrupción de una corriente similar en Estados Unidos. Aparece durante la gran transformación argentina, cuando el país logra organizarse amparado en una Constitución nacional de corte liberal, después de 35 años de tiranía, en 1853. A eso le sigue una explosión migratoria, y con ella cierto resentimiento de los locales con la prosperidad de los nuevos argentinos. El sentimiento de ser los desplazados se transfiere hacia una nostalgia de lo tradicional, una soñada argentinidad y un pasado dorado en el que estaban en la cima.

La tendencia se ve luego reforzada por la educación patriótica que pretendía dar unidad a ese país variopinto y multicultural. Después se transformaría en el cadalso de los sueños de un país próspero como lo fue en los inicios del siglo xx, que, con su intención de unificar, daría origen al único socialismo que hubo en Argentina, que fue ese nacionalismo en nombre del cual se estatizó todo, dio lugar al peronismo y también fundamentó los golpes militares como el viejo sueño de encontrar un «hombre fuerte» que viniera a poner orden. Nada muy distinto al fenómeno Trump.

El puente con el trumpismo es justamente el llamado «paleoliberalismo», que adopta los mismos enemigos y está decidido a dar una batalla cultural, pero que tiene el aditamento de hablar de economía en términos de mercado.

Cuando esa unión se produce, las objeciones sobre las formas de Milei y los resquemores hacia él por no pertenecer a la élite liberal desaparecen.

El liberalismo católico llevaba años tratando de explicar a la jerarquía de esa fe que el liberalismo no era incompatible con su credo, pero, surgido el trumpismo y el paleoliberalismo, comienza a hacer exactamente lo contrario. Con influencia en fundaciones en el mundo hispano y conglomerados de fundaciones, se propaga el mensaje de que los liberales que no respondieran a las líneas llamadas católicas, relacionadas con el cristianismo transformado en partido político, y a la batalla cultural, y los que no adscribieran a la idea de que existe la conspiración del LGBTQ+, del feminismo y de la educación sexual para acabar con la familia y la conjura del globalismo para instalar un gobierno mundial basado en la maléfica Agenda 2030, esos liberales eran «liberales progres», unos izquierdistas y elementos a extirpar dentro del movimiento.

Ése fue el credo y ésa fue la primera batalla cultural que los seguidores de Javier Milei abrazaron; y se veía reflejado en las redes de un modo tan agresivo con cualquier que disintiera, que defendiera cosas como la libertad de comercio, la libertad migratoria o que al menos diera un respaldo a lo contractual en la materia (y ni hablar de respaldar a las minorías que proferían agravios), que muchos decidieron callar, o sufrirían las consecuencias.

Ése era el liberalismo resignificado y así se formaron las masas detrás de Milei. Un personaje central de esa inclinación, ya mencionado antes, es el ex director general de la Atlas Network, Alejandro Chafuen, un argentino que había emigrado a Estados Unidos a los treinta y seis años y que allí había abandonado el ateísmo del estilo de Ayn Rand para promover el liberalismo católico. Atlas Network, una red internacional de fundaciones que promueven políticas de mercado, fue fundada en 1981 por sir Antony Fisher, auspiciando grupos en 68 países. Con el trumpismo, Chafuen se suma a la batalla cultural, y, si bien al mismo tiempo deja Atlas, a través del Acton Institute continúa trabajando para darle a sus contactos logrados durante años la inclinación hacia este liberalismo que lucha en nombre de la cultura cristiana verdadera contra el marxismo cultural, ateo y secular.

Así como en la década de 1960 quienes estaban contra las leyes de segregación eran marxistas, para el nuevo relato también lo eran quienes favorecían la libertad del matrimonio entre personas del mismo sexo, pensaban a través de nuevas perspectivas de género los roles de los sexos y la libertad sexual o promovían una educación en la tolerancia de las personas distintas.

Todos ésos eran en realidad unos izquierdistas impulsados por George Soros para implantar el comunismo. Eso cree Chafuen y eso propagó por su red; en Argentina lo hizo por medio de ellos al principio, y después mediante el propio Milei y algunos de sus acompañantes, como el diputado Bertie Benegas Lynch.

En otro momento, estas tesis hubieran pasado al olvido, pero la revolución trumpista ya estaba ocurriendo y encontraba en las redes sociales una gran acogida, en parte porque como pasaba con Milei, Donald Trump era un personaje fuerte y muy adecuado para las nuevas vías de comunicación, como Twitter (ahora X) o TikTok.

Los liberales de Chafuen no querían promover liberales al viejo estilo porque eran sospechosos de ser progres. Ése fue el caso de José Luis Espert, un economista que, antes que Milei, intentó formar un tercer partido de corte liberal clásico, proyecto contra el que opusieron más resistencia los liberales católicos que la izquierda kirchnerista.

Los liberales académicos, alejados de la política, se veían y aún se ven muy influenciados por Alberto Benegas Lynch (padre de Bertie Benegas Lynch), un profesor que desalentaba cualquier ingreso en la política de personas que tuvieran ese pensamiento. Benegas Lynch entendía que el liberalismo debía difundirse en ámbitos académicos, y en aquel entonces le pedía a Espert que abandonara su candidatura para favorecer la de Mauricio Macri, que se presentaba a la reelección en 2019 tras haber multiplicado la inflación heredada de Cristina Kirchner (inflación que había prometido erradicar) y de haber generado una gran crisis de deuda por negarse a hacer reformas de fondo.

Benegas Lynch, que había evitado opinar de «coyuntura» política, y muchos que piensan a través de él invitaban a apostar por Macri para escapar del «chavismo local» representado por el kirchnerismo. El liberalismo debía dejarse de lado por un momento para que el kirchnerismo no volviera. Todavía no había entrado en el juego Javier Milei.

Mientras Espert hablaba de reformas económicas urgentes, en nombre del liberalismo se le pedía que dejara de lado sus aspiraciones y que se retirara de una contienda para apoyar a alguien que no había hecho esfuerzo alguno para cambiar las condiciones básicas de estímulo a la producción, que había sancionado una ley de regulación de alquileres que diezmó el mercado y perjudicó a los inquilinos gravemente, que se había identificado a sí mismo como representante de la izquierda y que había insultado a sus críticos liberales por entender que no eran realistas llamándolos «liberalotes».

Esa contradicción, así como una posterior devoción por otro tercer partido que se mete en las elecciones siguientes, empezando por destruir al partido de Macri, con la colaboración del propio Macri, debe ser explicada de alguna manera para conformar el cuadro ideológico real de Milei.

El hijo de Alberto Benegas Lynch, Bertie Benegas Lynch,

que jamás había tenido ninguna participación en la política ni en el liberalismo político o académico, era muy devoto de los pensamientos y planes del grupo de Márquez y Laje, y su unión con Milei lo hacen volcar su apoyo a ellos portando apellido, lo que le ha valido llegar a diputado.

Llegados a este punto se entenderá por qué empecé por hacer una radiografía de la transformación de cada una de las palabras que definen a Milei. Lo cierto es que, entre 2016 y 2018, el nuevo liberalismo, confundido con el nuevo cristianismo y el nuevo conservadurismo, buscaba a su Bolsonaro. Espert no podía serlo, porque era un liberal clásico y, además, creía en la despenalización del aborto; no era fiel al proyecto de «diseño cultural» que es el centro neurálgico de la nueva doctrina hija de esas tres vertientes o de esos tres cismas.

Ni siquiera podía serlo entonces la nueva estrella mediática aparecida en el firmamento, el propio Javier Milei, antes de unirse al nacionalismo cristiano y al cristianismo más conservador representado por el Opus Dei.

Milei era un señor que hablaba contra las políticas keynesianas y un crítico de Mauricio Macri (tanto o más que Espert), un personaje sin antecedente alguno como fiel cristiano, y ni mucho menos como conservador o nacionalista, además de ser un desconocido entonces como liberal. Milei era alguien sin contactos ni amigos en el escueto mundo liberal y que tenía unos modos muy alejados de la coquetería estilo macrista y del esnobismo del Barrio Norte de Buenos Aires.

Para ellos, Milei era, básicamente, un impresentable, un advenedizo que aparecía para apropiarse de su discurso, y eso le hicieron sentir. Él protagonizó disputas explosivas en las redes con muchos de estos individuos que después pasarían a ser parte de su círculo de aduladores.

¿Qué cambió en el ínterin? En su orfandad, el Milei que empezaba a ser conocido se cruzaba con el curso de acción que ocurría en paralelo a él. Los autores de aquel libro (*El libro negro de la nueva izquierda*) que repetía los argumentos de la derecha radical religiosa de MAGA y sobre una nueva izquierda marxista cultural, que llevaban a cuestas a los nostálgicos del pequeño y golpeado partido militar, lo abrazaron. Laje lo invitó a Córdoba a dar una charla en su universidad, y para Milei se abrió el mundo de la nueva derecha, sumándose a su discurso sin reservas.

El mismo Milei que hablaba de tríos sexuales y de prácticas tántricas y criticaba a la derecha por meterse en la cama empezó a hablar en términos religiosos de los deseos de «el uno» y a decir que era el maligno el que guiaba a todos aquellos que resistían sus análisis de la realidad. Repetía, siguiendo la letra de otros paleolibertarios o anarcocapitalistas notorios, como el español Jesús Huerta de Soto, que Dios era liberal, y declaraba a Donald Trump como su máximo referente en el mundo.

A su vez, ese cambio hizo que los liberales católicos que lo habían rechazado se alinearan con él, uno a uno. Es decir, el detonante fue el abandono de Milei del liberalismo integral y clásico por este paleoliberalismo, liberalismo sólo en lo económico y denuncia de todo lo demás como *woke* y comunista, y que conlleva la agenda moral cristiana y se inscribe en los parámetros del fascismo de Dios-Patria-Familia. Cuando Milei adoptó el credo del doble mensaje de un liberalismo que tiene un programa cultural, sexual y moral específico, unido al nacionalismo, con un exagerado énfasis en las más drásticas reformas económicas (como la supresión del Banco Central de la República Argentina) que actúan como una compensación, entonces ese liberalismo se queda con él, que abandona la tesis de la emergencia que llevaba a no quitarle votos al partido de Macri.

Éste es un aspecto negado, en su sentido más psicológico. Nadie admite esta transformación como transformación, simplemente se castiga a quienes no se adhieren llamándolos progres o envidiosos, pues resulta inadmisible cualquier objeción. Los grupos de seguidores en las redes sociales son quienes ejercen el castigo contra los cuestionadores, y los liberales sólo hablan de economía y de las maravillosas y perfectas medidas que defiende Javier Milei, que, a su vez, repite el mantra de que «el liberalismo es el respeto irrestricto del proyecto de vida del prójimo», justo el aspecto de esa filosofía que Milei se automutila al unirse a los nacionalistas e integristas católicos.

Destacan los siguientes tres componentes que forman al mileísmo en acción: la militancia católica nacionalista e integrista; los fanáticos de su persona que, enardecidos, repiten sin conocer el fondo de aquello de lo que hablan; y los grupos antiabortistas, llamados «profamilia» por sostener un modelo estricto de familia y oponerse a otros (sumado ello a toda la retórica conspirativa sobre el globalismo y el marxismo cultural, con simpatías por Donald Trump y Bolsonaro). Todos ellos luchan en las redes sociales por imponer esta visión. Los liberales católicos se limitan a comentar cuestiones económicas y dejan hacer su trumpismo y actuar como policías del pensamiento de los liberales «progres» a sus amigos, avalándolos bajo el ambiguo paraguas de la llamada «batalla cultural». La contradicción de ideas dentro de la coalición de Milei es la señal de una ideología única sostenida en viejos prejuicios, pero que no expresan ni explican.

Milei no fue la primera opción de esta fusión de versiones transformadas de liberalismo, conservadurismo y cristianismo. Antes que él, un excéntrico diputado argentino del norte que prometía gobernar con la Biblia había iniciado su carrera contando con las simpatías de los autores Márquez y Laje, que luego se unirían a Milei y a los nostálgicos del orden militar.

Se trataba de Alfredo Olmedo, diputado por Salta, que fue el primer intento de esta confluencia por tener a su Bolsonaro. Olmedo, otro personaje excéntrico, perdió luego el favor de la agrupación porque repetía en privado que su apelación a la Biblia era meramente utilitaria, que nunca la había leído, y, sobre todo, porque no prosperaba en las encuestas como para ser vehículo del proyecto. Aunque, eso sí, reunía parte de los requisitos: tenía las características de irresponsable, boca floja, místico e incorrecto; pero no era suficiente para enamorar al público argentino. Ellos necesitaban un convencido.

Después pasó la atención a un militar retirado que había formado parte de los levantamientos contra Raúl Alfonsín en la década de 1980 y que era parte del gobierno de Mauricio Macri, llamado Juan José Gómez Centurión. Éste es un nacionalista católico clásico que carece del discurso económico promercado y que cubría la participación de los liberales en el triángulo, pero tampoco destacaba en las encuestas.

Fue ése el momento en el que se produce la conversión de Milei al paleoliberalismo y se coloca como un fiel creyente del relato antimarxista cultural trumpista.

Para todos resultó que él era la combinación ideal. Respondía a la estrategia y los contenidos de la derecha nacionalista cristiana de Estados Unidos y del nacionalismo católico argentino, pero hablaba de mercados libres, lo que dejaba a todos los socios de la nueva ideología tranquilos y, encima, cosechaba simpatías por sus extravagancias. Milei llegaba a todo el mundo, y fue así como se convirtió en el perfecto Frankenstein para todos. Incluso empezó a ser visto con interés por Mauricio Macri, que por aquel entonces se convencía de que no tenía respaldo suficiente para volver a postularse con el apoyo de su partido.

La razón de la unión entre lo que a primera vista pudiera parecer antitético, como el nacionalismo católico y el liberalismo, no se puede entender sino a partir de la transformación de los términos políticos de la que venimos hablando. El proceso podría ser al revés, y eso es lo más interesante del fenómeno. Pareciera que podríamos explicar las ideas expresadas por estos grupos que no encajan entre sí como su parte consciente, y la confusión entre todos ellos, como un inconsciente guiado por una ideología que defiende un orden social que abarca cuestiones privadas, personales y de jerarquías.

Las ideas difundidas en público parecen actuar como aquello que las personas que las defienden quieren que veamos de ellas, mientras detrás hay otra cosa, algo que no las aleja de sus contrincantes conceptuales como debiera si la batalla no fuera «cultural», sino de ideas, y que actúa como un inconsciente que es el que verdaderamente gobierna sus pasiones.

Muchos de los votantes de Milei advierten esta contradicción, pero se quedan con el aspecto económico y la posibilidad de que resuelva los enormes problemas en esa materia que dejan sus sucesores. Eso es un tipo de alternativa que siempre se da en la política. Lo complejo es justamente la negación.

Este tipo de desfase se refleja también en el tipo de personajes que representan ese movimiento. No hablamos de familias numerosas, sino incluso de personas que ni siquiera han formado una familia, pero cuya obsesión es el discurso profamilia, que en realidad es victimizar a esa institución, como si alguien la quisiera disolver, para esconder lo que en realidad es rechazo al «proyecto de vida del prójimo». El idealismo de defender la familia se opone a los individuos diferentes que crezcan en su seno, pero también al cuestionamiento de que la familia puede ser un ámbito de poder omnímodo sobre los menores y el lugar donde éstos formarán su personalidad y autoestima.

El binomio presidencial de Milei y Villarruel y la gran mayoría de sus seguidores más cercanos no responden al ideal familiar que pregonan, tanto que, cuando durante la campaña electoral Sergio Massa se mostraba rodeado de su mujer y sus hijos, desde el mileísmo se tomaba eso como un ataque contra su candidato.

Es un fenómeno similar al que se ve en esa «izquierda champán» que demoniza el afán de lucro pero se rodea de lujos capitalistas y consume como capitalista. Al público de ninguna de estas dos facciones parece molestarle esta doble moral. Esto es porque en gran medida han asumido que la ideología partidaria es así. El pensamiento relevante que los une es algo a ser descubierto, no simplemente leído o escuchado, entre una maraña de palabrería.

Eso se nota cuando a algún *influencer* de la nueva derecha que habla con palabras del liberalismo se lo tilda de fascista por exponer ideas xenófobas o enarbolar la idea de la batalla cultural para amonestar formas libres de vivir que no aprueba. Esa crítica será respondida con un artilugio, que es que se puede acusar de tal cosa a un «liberal» porque el mismo Mussolini era un izquierdista, dado que se inició en la militancia marxista. Ésa es una manera de expresar qué es lo que quiere que interpretemos de aquello que representa quien así se defiende: algo que no es el fascismo, con independencia, eso sí, de que postule una política basada en la segregación y el control cultural.

Con una argumentación similar no podríamos juzgar a un religioso multimillonario descubierto en actos de corrupción o de abusos sexuales, tan habituales entre ellos, porque sus palabras son lo opuesto a sus conductas. La invitación a concentrarnos en lo que dicen, y no en lo que hacen, es como usar la hipocresía como si fuera una prueba de coherencia, una virtud. Consiguen así negar lo que hacen, el inconsciente, subrayando lo que expresan. Como cuando Milei intentó desdecirse de sus palabras sobre la venta de bebés oponiendo a eso, como intento de refutación, la manera en que quería a sus perros.[35]

35. «Javier Milei dijo que no vendería a un hijo pero que "quizás de acá a 200 años se podría debatir"», *Perfil*, 9 de diciembre de 2023, <https://

Por esta razón, considerar las frases de Milei sobre economía no es suficiente para describir la ideología que él trae al poder. La dualidad y la mezcla de ideas y valores me hace ver que los extremos en los que cae en casos como el de la venta de niños u órganos, o bien al decir que no tiene importancia que una empresa contamine un río, son formas de sobreactuar para mostrar un liberalismo que no se compadece de la naturaleza de su movimiento político y del conjunto de ideas que representa. De hecho, rinde esas banderas a la primera dificultad.

No tomemos al guía por sus dichos, que son lo que quiere que pensemos de él. Si hay un elemento que actúa como pegamento de parcialidades aparentemente incompatibles es el intento de regulación de todos los proyectos de vida, puestos como cuestiones culturales.

Otro ejemplo claro de que hay un material de ideas de cobertura y otra cosa por detrás es que muchas veces se esgrime que la connivencia entre nacionalismo católico y liberalismo tiene que ver con una emergencia electoral, con la necesidad de quitarse de encima a los Kirchner y no convertir el país en Venezuela. En el caso de Argentina, eso es fácil de vender, porque el país vive en una emergencia permanente que dura ya un siglo. Pero esto mismo lo sostiene Hoppe: hay una izquierda que quiere destruirlo todo, desde la familia hasta la masculinidad, y es tan agresiva que las alianzas para juntar número y hacerle frente son fundamentales.

---

www.perfil.com/noticias/politica/venta-de-ninos-javier-milei-dijo-que-no-venderia-a-un-hijo-y-que-podria-ser-una-discusion-en-200-anos.phtml>.

Esto es lo que quieren que pensemos del porqué de esta connivencia, que es estratégica, electoral y urgente, pero que no se compadece de la realidad; eso se puede ver en los números. En 2021, Milei fue la sorpresa en las elecciones de la Capital Federal obteniendo el 17,30 por ciento de los votos válidos emitidos. En las mismas elecciones, pero en la provincia de Buenos Aires, donde Gómez Centurión iba de candidato a diputado solo, sin ninguna alianza liberal, éste no logró entrar en las elecciones generales debido a que en las primarias consiguió apenas un apoyo del 0,95 por ciento del electorado. Sin recurrir a los números, cualquiera que conozca el ambiente político argentino sabe que el integrismo nacionalista católico por sí mismo era una fuerza inexistente, aun comparándola con el poco apoyo que tienen las ideas liberales desde que se inicia en este siglo, pero que reaparecen con la popularidad de Milei. Milei no necesitó a sus socios electoralmente nunca; de lo que se trataba era de construir su trumpismo local, que se adhiriera al trumpismo internacional.

Que la unión haga la fuerza no es la razón de la alianza, sino la transformación de las palabras desde unas ideas conscientes a unos valores inconscientes comunes y una simbiosis entre esos liberales y nacionalistas católicos que es mucho más fuerte que la que pueda haber entre esos liberales y otros liberales que no quieran adscribirse a su programa moral. De ellos prescindirán y se alejarán con su candidato y sus amigos.

Una cosa que permite observar este fenómeno con categorías de la psicología clásica es el hecho de que la cofradía no se explica, de eso no se habla. El componente nacionalista religioso del grupo de Milei habla de sus obsesiones sobre la bandera, el pasado militar, la defensa de las dictaduras de otros tiempos, la religión como marco del Estado, la política, el odio a las minorías..., y califica de progre a cualquier forma de vivir no gobernada por los preceptos eclesiásticos más cerrados.

Los liberales se limitan a la defensa de propuestas económicas como el cierre del Banco Central de la República Argentina o el fin de la inflación. Nadie dice por qué está en la misma vereda que los otros, nada más lo esconden bajo el término paraguas «batalla cultural». Nunca nadie ha escrito nada sobre esta simbiosis, pero abundaron los artículos hablando de cómo sus dichos económicos representaban un milagro de liberalismo.

Durante el último tramo de la campaña electoral, tanto Gómez Centurión como Alberto Benegas Lynch coincidieron en Twitter en que Javier Milei representaba para ellos el proyecto en el que creían. Gómez Centurión dijo: «Veo la elección de Milei como un triunfo de las ideas que propusimos en 2019». Y Benegas Lynch expresó: «[Es] un placer inmenso participar en el cierre de campaña del gran Javier Milei, quien propone medidas en el nivel político ausentes en nuestro país de hace 80 años». Lo dijeron el mismo día. ¿Quién tiene razón?

Frente a esta aparente incompatibilidad conceptual entre un nacionalista religioso y el representante de un pensamiento basado en la separación entre la Iglesia y el Estado y en la libertad individual, podemos interpretar que se trata de una paradoja, o podemos ir más allá y suponer que las coincidencias no tienen que ver con lo que se dice y se encuentra en el terreno de lo ideológico, no de las ideas.

Hay en ellos, sin embargo, dos coincidencias. Una es la oposición al aborto y la defensa del embrión como un niño y una persona desde la fecundación, entendiendo la interrupción del embarazo como un homicidio. La otra es la etérea referencia a la batalla cultural, a lo que, desde el nacionalismo religioso, se le da un contenido que tiene que ver con la normalización de la sociedad y el repudio de formas de vida alternativas, más la defensa de lo nacional, la cultura local..., mientras que en los liberales puede usarse como sinónimo de difusión de unas ideas sobre la libertad, así como llevarlas a la cultura para competir con la acción socialista a fin de dominar con ideas nuevas los ámbitos culturales.

En términos liberales o puritano-nacionalistas, la batalla cultural es completamente incompatible, pero, en los diálogos entre estos liberales con personajes de la lucha contra las minorías, ésta se usa como si fuera un terreno común, que en realidad evita profundizar en el contenido y permite mostrar una coincidencia donde no podría haberla.

La posición antiabortista tiene su fundamento, si bien discutible, y, de hecho, es una posición muy discutida desde una postura liberal. Pero la aparición repentina del tema como central en todos los países, traído por la derecha religiosa (aun cuando no se estaba discutiendo), se pareció más bien a una bandera política emocional de conveniencia y a la elección estratégica de un tema común entre el agua y el aceite liberal-nacionalista, como un detergente catalizador del que no se puede decir mucho más que la consigna porque, de otro modo, se verían sus vacíos.

En varios países, el resultado de introducir el tema en el debate político fue la aprobación de la despenalización. Si esa cuestión de los «homicidios» que supone el aborto tuviera peso real entre ellos, mejor hubiera sido no plantear el tema, para no crearlo. Sin embargo, si observamos lo que ocurrió, la despenalización del aborto fue una consecuencia de su cruzada a destiempo en contra. Si nunca lo analizaron es porque el fin perseguido era formar alrededor alianzas políticas que no podrían explicarse de otra manera. Más que una bandera real, la campaña antiaborto fue otra forma de encontrar puntos en común que expliquen una alianza imposible de explicar por los principios que cada parte dice representar.

Milei ha tomado a Alberto Benegas Lynch como su última referencia intelectual. Ha tenido otras antes, de otros personajes de los que se ha distanciado hasta el punto de la enemistad. Si Márquez, Laje y Villarruel expanden la influencia hacia el componente antiliberal de la facción de Milei, Alberto Benegas Lynch es catalizador del apoyo de prominentes liberales del exterior que dan por sentado que, si él lo avala, Milei es simplemente un liberal.

Dejaré para el final al Milei poselectoral, porque, como todo político, presenta cambios importantes tras ser elegido, y sobre todo tras haberse aliado con Mauricio Macri y Patricia Bullrich en la recta final.

La negación condujo a cuestiones éticas personales de Javier Milei de suma importancia, como el plagio en el que fue descubierto, primero en sus artículos en *El Cronista,* donde copió y pegó textos de autores clásicos, que nunca fueron ni siquiera retirados del medio, que a su vez pertenece a su exempleador y uno de los más grandes proveedores del Estado, Eduardo Eurnekián, mencionado en algún medio como cercano a Steve Bannon.[36]

En su propia defensa, Milei se limitó a llamarse a sí mismo «divulgador», algo que no se le había ocurrido a ningún plagiador antes, sosteniendo que la obligación de citar a los autores de textos ajenos era sólo para textos académicos.[37]

Mientras Milei se quejó durante toda la campaña de que los medios «operaban» en su contra, jamás un periodista le preguntó por eso; y la verdad es que lo protegieron, salvo la revista *Noticias de la semana*, que lo publicó como una nota de portada por una investigación del periodista Tomás Rodríguez, y *Página 12*, un diario cercano al kirchnerismo que igualmente no siguió tirando de esa cuerda, probablemente porque el oficialismo en ese momento pensaba que el crecimiento de Milei servía para dañar a Juntos por el Cambio.

El liberalismo local reaccionó otorgándole un doctorado *honoris causa* en ESEADE, el instituto universitario creado por Benegas Lynch, lo que provocó la renuncia como profesor de otro connotado economista liberal, Roberto Cachanosky, por repudio moral contra tal decisión. Aquel acto tiene el valor de mera propaganda para contrarrestar una acusación concreta y probada: Milei no tiene ni por asomo antecedentes académicos a la altura de ese honor y, en todo

36. Bredderman, William, «The billionaire behind Bannon's fake Chinese embassy», *Daily Beast*, 15 de julio de 2021, <https://www.thedailybeast.com/eduardo-eurnekian-the-billionaire-behind-steve-bannons-fake-chinese-embassy>.

37. «Javier Milei no negó el plagio y se definió como un "divulgador"», *Página 12*, 24 de agosto de 2021, <https://www.pagina12.com.ar/363444-javier-milei-no-nego-el-plagio-y-se-definio-como-un-divulgad>.

caso, los plagios que se le descubrieron despejarían toda posibilidad de merecer semejante cosa.

Ése fue sólo el principio, porque una investigación posterior del mismo periodista descubrió que Milei incurría en plagios en algunos libros, usando material de autores españoles y mexicanos y hasta de una funcionaria del FMI.[38] Algunos de ellos se quejaron de que hubiera utilizado su trabajo para darle un valor opuesto al que tenía. Es el caso del libro *Pandenomics*, con el que Milei atacaba las medidas de confinamiento, que fue presentado en la Feria del Libro de Buenos Aires después de conocidas las denuncias. Allí, el actual presidente argentino fue entrevistado por la periodista Viviana Canosa, que en ese momento era una ferviente partidaria de Milei y que luego sería llamada traidora. Ella, simplemente, lo ayudó a afirmar que la investigación, cuya veracidad es muy sencilla de comprobar, era una operación, invitando al público a cantar el «la casta tiene miedo».[39]

La aventura no terminó ahí. Milei incluso incurre en plagio de otros autores en su autobiografía,[40] que en reali-

38. Camhaji, Elías, «La historia detrás del plagio de Milei a tres científicos mexicanos», *El País*, 17 de noviembre de 2023, <https://elpais.com/mexico/2023-11-17/la-historia-detras-del-plagio-de-milei-a-tres-cientificos-mexicanos.html>.

39. Rodríguez, Tomás; y González, Juan Luis, «Insólita respuesta de Javier Milei sobre la tapa de NOTICIAS: "Bueno, o sea, digamos"», *Noticias* (*Perfil*), 16 de mayo de 2022, <https://noticias.perfil.com/noticias/politica/la-insolita-respuesta-de-milei-ante-el-plagio-que-descubrio-noticias-bueno-o-sea-digamos.phtml>.

40. Rodríguez, Tomás, «Exclusivo: Javier Milei plagió su autobiografía», *Noticias* (*Perfil*), 28 de mayo de 2023, <https://noticias.perfil.com/noticias/politica/exclusivo-javier-milei-plagio-su-autobiografia.phtml>.

dad no es auto ni biografía, porque participan amistades recientes del presidente que escriben alabanzas sobre él y tampoco se centra en contar su vida, pues apenas cuenta su llegada a la economía y, luego, a la fama.

Pero si plagiar una autobiografía parece algo imposible de superar, todavía faltaba que se le descubriera que en un prólogo «suyo» para un libro plagió el prólogo de una edición anterior del mismo libro. El libro en cuestión es *4000 años de controles de precios y salarios*, de Robert L. Schuettinger y Eamonn F. Butler (Unión Editorial). Allí, Milei repitió párrafos enteros del prólogo que David L. Meiselman había escrito cuarenta años antes, y que fue incluido en las páginas que precedían al de Milei, en la misma edición.[41]

Dentro de los grupos que forman, la respuesta a la fusión de ideas incompatibles fue el silencio más absoluto. Al periodismo argentino sigue sin interesarle la cuestión. En el debate de la segunda vuelta electoral, su contrincante lo confrontó al respecto, a lo que Milei contestó con una sonrisa, y provocó una explosión de búsquedas en Google sobre el asunto.[42]

Habrá que esperar a que el periodismo extranjero lo interrogue sobre esto, como pasaba con los Kirchner cuando viajaban al exterior, porque los medios argentinos tra-

41. Rodríguez, Tomás; y González, Juan Luis, «Libertario copión: un nuevo plagio de Javier Milei», *Noticias* (*Perfil*), 24 de enero de 2023, <https://noticias.perfil.com/noticias/politica/libertario-copion-un-nuevo-plagio-de-javier-milei.phtml>.

42. González, Juan Luis, «Javier Milei y sus plagios: la investigación de NOTICIAS que dio vuelta al mundo», *Noticias* (*Perfil*), 18 de noviembre de 2023, <https://noticias.perfil.com/noticias/politica/javier-milei-y-sus-plagios-la-investigacion-de-noticias-que-dio-vuelta-al-mundo.phtml>.

taron el asunto cuando fue inevitable y como un rumor, como si no pudiera comprobarse.[43]

El plagio no es un delito como el homicidio o el robo, que ocurren en un momento y en los que, para ser testigo, hay que estar en el lugar del hecho en el momento preciso. El plagio está ahí para que cualquiera lo compruebe por sí mismo en el momento que quiera. Es inadmisible que el periodismo hable de supuesto plagio, no hay tal suposición, es cuestión de ir y verlo.

La negación es inmensa. Jesús Huerta de Soto, en su defensa de Milei, dijo que sus críticos deben haber leído el libro *El Loco* (que probablemente él no haya leído) como si fuera una campaña en su contra, y todo lo que dice el libro no sólo está corroborado, sino que, como cuenta el propio autor, su principal fuente son palabras que Milei ha dicho en público.

En las redes sociales, su grupo de fanáticos intentó otra justificación insostenible, recurriendo a argumentaciones que existen dentro del liberalismo y que niegan los derechos de *copyright*, pero esta cuestión no tiene nada que ver con la atribución de la autoría a su autor, que, además de ilegal, es tal vez el más grave acto de deshonestidad en el que puede incurrir un intelectual, aunque nos olvidáramos de los derechos del verdadero creador del texto. Lo que implica negar los derechos de *copyright* es sostener que, una vez publicado, el texto se puede copiar, pero no atribuírselo

43. «En el debate, Massa aseguró que Milei cometió plagio: de dónde surgió la acusación», *La Voz*, 13 de noviembre de 2023, <https://www.lavoz.com.ar/politica/en-el-debate-massa-aseguro-que-milei-cometio-plagio-de-donde-surgio-la-acusacion/>.

a otra persona. Esto lo explica muy bien el mentor de Milei y su mayor referente intelectual, Alberto Benegas Lynch.[44]

Lo que más interesa a los efectos de describir al Milei ideológico es que el plagio recurrente muestra un tipo de compromiso del presidente con las ideas que nos lleva a relativizar sus convicciones. Lo que parece más fuerte en él es su sentido de una misión que cree que le tocó en la vida.

44. Benegas Lynch, Alberto, «Apuntes sobre el concepto de *copyright*», *THEMIS Revista de Derecho*, marzo de 1998, <https://www.researchgate.net/publication/242709430_APUNTES_SOBRE_EL_CONCEPTO_DE_COPYRIGHT>.

7

La casta y la gente de bien

Dos ideas que el grupo de Milei ha repetido una y otra vez son «la casta» y «la gente de bien». La casta representa un pensamiento antipolítica que ubica los problemas del país en un sector aparentemente desapegado de la sociedad y que, al ejercer cargos públicos, se comporta protegiendo sus intereses, y no los de la gente. La casta explicaría el fracaso a partir de la conducta de unos políticos que, de ser reemplazados por unos mejores, permitirían arreglar todos los asuntos.

Ésta es una idea problemática e ingenua que parte de la base de que la política podría ser otra cosa que lo que es y personaliza la discusión. De alguna manera, es la creación de un fantasma donde depositar los males de la sociedad y apelar a las pasiones más bajas de la gente a la hora de buscar una venganza contra los privilegiados, pero que parte de un idealismo de la política decepcionado.

La política es y ha sido siempre un ámbito en el que la deshonestidad es tentación permanente, pero eso no es consecuencia de engaños morales especiales de aquellos que ingresan a la política, sino del hecho de que se manejan problemas y recursos ajenos y de que los controles de la política están dentro de la misma política. Eso no tiene remedio cambiando una gente por la otra, sino manteniendo un Estado acotado en sus responsabilidades, a efectos de que sea más difícil que los funcionarios realicen actos fraudulentos en sus funciones y que sea más fácil investigar cualquier transgresión por medio del poder judicial.

El problema principal de la política es institucional. Interpretar la situación de Argentina como la consecuencia de un grupo de malvados es un error en el que un liberal no debería incurrir. La política contiene incentivos perniciosos, y ésa es la razón por la que se piensa en un sistema de división de poderes, en un Estado no interventor que carezca de las facultades para enriquecer y empobrecer a personas y sectores y en un amplio mercado publicitario comercial en el que los medios actúen controlando al poder. Un mismo sistema conducido por «gente de bien» daría como resultado la misma «gente de mal» que había al principio, y en poco tiempo.

En una democracia, los políticos no son una casta, son gente como cualquier otra que ingresa en un terreno sinuoso. Sí, actúan muchas veces de un modo sindical o corporativista, pero eso no se debe a nada especial que haya en ellos, ni por estirpe ni por herencia; es fruto de un sistema de incentivos que la escuela de la teoría de la elección pública (*public choice theory*) ha estudiado en profundidad.

Sin embargo, Milei utiliza esta categoría de manera muy flexible y oportunista. El término *casta* se atribuye a cualquiera que no contribuya con sus intereses y no lo apoye. Macri podría ser de la casta un día, y al otro día podría convertirse en su mejor amigo. Se puede rescatar a sindicalistas que gozan de protección estatal y están desde hace décadas en sus cargos, ricos y famosos, como Luis Barrionuevo, el representante del gremio de gastronómicos, cuando apoya a Milei.[45]

La antipolítica es en sí misma una amenaza, aunque parece una campaña de limpieza. En realidad hay detrás un idealismo de la política que, pese a ser desmentido una y otra vez, no logra debilitarse. Hay políticos con más de cuarenta años de trayectoria que relacionan los problemas de Argentina con la corrupción de otros políticos; es el caso de la misma Patricia Bullrich o de otro personaje místico como Milei, pero desde la izquierda, que es Elisa Carrió. Añoran una política de gente pura y desinteresada que podría asegurar la felicidad de la gente.

Tal cosa es una trampa para osos. La política es la que es y no puede ser mejor. Simplemente, «el poder corrompe y el poder absoluto corrompe absolutamente», como decía lord Acton, que era un consistente católico, dicho sea de paso. Los abusos reiterados en la política y los grandes desfalcos de recursos públicos obedecen a lo mismo, a un Estado desmadrado, consecuencia a su vez de las excesivas esperanzas que se depositan en él. No es un problema de un «tipo de gente» el que tiene Argentina; ése es en realidad un enfoque de casta.

45. «La alianza de Luis Barrionuevo con Javier Milei», *Página 12*, 11 de octubre de 2023, <https://www.pagina12.com.ar/597126-la-alianza-de-luis-barrionuevo-con-javier-milei>.

También lo es la apelación a un grupo opuesto, salvador y puro en sí mismo, que es la «gente de bien». En este imaginario, gente de bien serían los perjudicados por la casta, los no peronistas para empezar. Un rotundo «nosotros, los buenos».

Esta dialéctica es un absurdo populista que busca generar una lucha de identidades entre buenos y malos. Es todo lo contrario a un pensamiento basado en lo institucional y que indaga en la naturaleza humana tal como es, sujeta a tentaciones y poco confiable si los incentivos no son los correctos.

El término *gente de bien* es un depósito también de cuestiones y aspiraciones sobre el lugar social, otra idea de casta diferente, pero de casta al fin.

8

Victoria Villarruel

Victoria Villarruel es la vicepresidenta de Milei y su *alter ego* desde iniciada su carrera política para acceder a un escaño de diputado.

Sin ningún antecedente de defensa del liberalismo, Villarruel era en ese sentido muy crítica de las privatizaciones de las joyas del nacionalismo local, como la petrolera estatal YPF o la compañía aérea de bandera, consumidora de grandes recursos del tesoro, Aerolíneas Argentinas. Ésas fueron para Villarruel en su momento entregas del patrimonio nacional.

Al revés que Milei, ella rescata el peronismo, mientras que rechaza el menemismo y el kirchnerismo por igual. En un reportaje del canal TN en agosto de 2023, Villarruel afirmó que «el peronismo es el movimiento político más importante del siglo xx. Uno puede estar de acuerdo o no con ideas del peronismo, pero no se puede desconocer la fuerte raigambre que tiene en el pueblo argentino. Esto es peronismo, no kirchnerismo».

Ella misma se define en su perfil de X como «patriota», que es el término bajo el cual se esconde actualmente el nacionalismo. Su nacionalismo es místico, de ese misticismo que pretende ser fundamento del uso de la fuerza porque sus cultores aspiran a que gobiernen las creencias que profesan.[46] Sólo eso obligaría a explicar a quienes hablan del de Milei como el primer gobierno libertario habido jamás, porque no mencionan que, además, es un gobierno compuesto por «patriotas» nacionalistas. En cambio, ella en sí misma fue objeto de silencio hasta después de las primarias. No se hablaba de ella, no había reportajes o noticias de ella hasta casi antes de eso, porque hablar de Villarruel no contribuía a la imagen de muy liberal del movimiento, sino que la desmentía.

La razón por la que Villarruel ocupa ese lugar es que lo libertario en el gobierno de Milei es de ese tipo de liberalismo que también es místico, del misticismo que pretende ser el fundamento de la fuerza, porque hace entrar a su sistema, pretendidamente puro de libertad, el mismo tipo de dominio de un culto que comparten. Sus diferencias están en el alcance que creen que debe tener esa influencia en temas económicos, pero sus coincidencias son mucho más fuertes que las que tienen con liberales que, aunque fueran místicos en sus perspectivas de vida y éticas, no consideran moralmente aceptable que el uso de la fuerza

46. Leclercq, Giselle, «El catolicismo de Victoria Villarruel: lefebvrismo, militares y la desconfianza del Papa Francisco», *Perfil*, 16 de noviembre de 2023, <https://www.perfil.com/noticias/politica/el-catolicismo-de-victoria-villarruel-lefebvrismo-militares-y-la-desconfianza-del-papa-francisco.phtml>.

esté guiado por sus creencias, ni que los demás las deban aceptar.

Los místicos de este tipo, de ambos lados, pretenden que toda objeción a que gobiernen ellos o sus ideas sobre cómo se debe vivir, o a que la religión pueda ser el fundamento del uso de la fuerza (es decir, gobernar), es de anticristianos o ateos (postura que ellos odian), de gente que quiere derribar a la Iglesia y a la que llegan a acusar directamente de «satánicos».

Pero no es así, la modernidad institucional, que según ellos incluso es hija del cristianismo, sólo se resiste a que las creencias se impongan por la fuerza, y sabe, por la historia, por la ciencia económica, por el estudio del derecho y por el sentido común adquirido de siglos, que nada se resuelve gobernando en función de ningún gran objetivo colectivo o visión colectiva que tenga que abarcar a todos. Ése es un segundo problema en realidad, porque el principal es que el hombre moderno quiere vivir en libertad y estos sectores ofrecen una disciplina absurda y arcaica en lo personal, con la que atropellan violentamente a otros que piensan que no han visto la luz como ellos.

Las diferencias que pueden darse entre los que quieren derribar el Banco Central de la República Argentina y los que aman a las empresas nacionales estratégicas ya no se dan en estas cuestiones que relegan, porque están más unidos en luchas como el antiabortismo y la defensa de una familia cerrada y opresora que debatiendo cuestiones que sí influyen en el desempeño de un gobierno.

Se trata de diferencias religiosas y, a veces, de procedimiento, como las que tienen los lefebvristas con los conciliares. No nos interesan aquí esas diferencias, porque todos ellos coinciden en lo que nos interesa: quieren que el gobierno de Milei imponga su disciplina hacia terceros y pretenden que el catolicismo tiene derecho a mandar y que está impreso prácticamente en nuestro ADN.

Milei nunca explicó qué criterio siguió para seleccionar a Villarruel, a nadie le pareció que mereciera un análisis el hecho de cómo el supuesto ultraliberalismo compartía medio poder con el ultranacionalismo clerical, y todo en nombre del avance de la libertad.

El grupo en sí consiguió ocultar esta faceta negada —negada hasta por la propia Villarruel, la cual evita con mucha habilidad hablar del tema ideológico—. Apenas dice que el Estado gasta mucho, para reforzar su legitimidad de formar parte del «primer gobierno libertario» y destacar todo lo moral o religioso que ofrece es su lucha contra la «ideología de género» y la educación sexual. Son pistas o pinceladas para dejar la advertencia hecha, pero no una exposición leal de intenciones dirigida al público.

A Milei, esta unión no le ofreció votos, pero sí que le permitió contar con recursos ilimitados de apoyo —aunque no fueran directamente a la campaña oficial— y con la militancia fanática de una religiosidad enardecida. Y le dio algo más que él buscaba, que era la aceptación de los liberales. Cayó en los liberales que estaban más cerca de la militancia católica actual que del liberalismo porque se unió a estos grupos integristas, porque, de haberse quedado con una versión secular y normal de liberalismo, todos ellos juntos lo hubieran tildado de progre.

El estudio de este vínculo es una grave omisión del periodismo y de sus contrincantes. Y desde la política hubo otra omisión, ya que todos los que fueron derrotados por Milei pensaron que la aparición de un «loquito» que decía cosas que pensaban que nadie aceptaría no suponía una amenaza para ellos mismos, sino sólo para los demás. En algún caso, como el de Bullrich y Macri, el hecho es que no les disgustaba la idea de quedarse con el nicho místico libertario nacionalista que antes no existía.

La vida pública de Villarruel antes de ser candidata se circunscribía a la defensa de las víctimas del terrorismo de la década de 1970, completamente olvidados por una política de derechos humanos que trataba de héroes a aquellos grupos. En su trabajo, ella no se apartaba de esa misión, y no pretendía justificar las aberraciones de los militares que combatieron ese terrorismo, independientemente de si tuviera o no simpatías por ellos.

En ese sentido, su mensaje era coherente y, además, constituía una acción justa. Argentina había pasado de hacer una revisión del pasado desde el punto de vista de los derechos humanos a glorificar la violencia de los grupos terroristas.

Mientras que una gran cantidad de gente que se declaró víctima de las acciones ilegales militares fue indemnizada por el Estado y homenajeada, aquellos que fueron muertos por los terroristas y sus familiares, en algunos casos simples soldados que realizaban el servicio militar en un cuartel atacado, fueron olvidados. Villarruel se ocupaba de eso, pero no llevaba adelante ningún proyecto político, o por lo menos no lo dejaba ver. No había puesto en juego su pensamiento político, sino que trabajaba por una causa muy específica.

Hija de un militar que combatió en la guerra de Malvinas, Villarruel compartía sin embargo la visión nacionalista católica, y, al incorporarse a la política con Milei, lo hizo desde ese posicionamiento. Llevó adelante el discurso antiminorías y antiabortista y dejó de hablar de sus objeciones a la reducción de la libertad económica que implican las privatizaciones. Pero nadie explicó por qué Milei y su facción la necesitaban, ni que era la creación de una ideología trumpista, a partir de la mezcla del agua y del aceite, del nacionalismo teocrático y del liberalismo. Villarruel encarna la realidad ideológica del proyecto de Milei, que es muy distinta a la que describen los liberales que lo siguen y la izquierda que lo quiere enfrentar.

Al conformar las listas de candidatos que Milei tenía que llenar en todo el país, eligió con un criterio silencioso. Es notoria la inexistencia de candidatos con antecedentes de defensa de las ideas del liberalismo. Estas listas fueron llenadas con simpatizantes del peronismo, individuos cuyo pensamiento se ignoraba y otros con un fuerte contenido nacionalista y militarista, como Ricardo Bussi en la provincia de Tucumán, hijo de quien fuera gobernador militar de ese estado provincial.

Los dirigentes del partido de Milei que se presentaron a las elecciones podrían haber encajado con mayor facilidad en las filas de un partido de Villarruel que en las de un liberal o en el de Sergio Massa. No existe manera de describir ese partido como ultraliberal.

Milei sólo dijo que su vicepresidente sería quien tomaría las decisiones en materia de seguridad y defensa, expresando lo que se conoce como política de «mano dura» y, posiblemente, una reivindicación de lo militar, por oposición a la reivindicación de lo insurreccional de años precedentes, decisión que luego no sostendría, como veremos al final. Pero así como Milei ha expuesto sobradamente su faceta liberal, jamás lo ha hecho con su faceta militarista y su corazoncito cercano a lo que representa Villarruel.

El periodismo del país le ha hecho fáciles las cosas en ese sentido. No lo han incomodado con semejante cuestión, como si fuera menor; y tampoco han tratado de explicar qué significa que el partido de Milei pertenezca a esa suerte de internacional de la derecha de Trump, Bolsonaro, Abascal, Meloni, etcétera. Para la prensa, Milei es sólo el ultraliberal, el exageradamente liberal que quiere vender niños.

Por mi parte, cuando yo mismo advertía en mi libro *Lo impensable* en qué se estaba convirtiendo el liberalismo, pensé que algunos me podrían acusar de exagerado al hablar de una confusión entre ese pensamiento y la tradición fascista, pero la incorporación de Villarruel no sólo no llamó la atención a los liberales, sino que se trató de un tema a ignorar, como si mejor fuera no hacer olas.

Cuando, instalada la transición, están en discusión los cargos en el gobierno de Milei, para algunos existe un desplazamiento ideológico del presidente, cuando Patricia Bullrich es designada a cargo del Ministerio de Seguridad, y después Luis Petri, que había acompañado a Bullrich en la fórmula presidencial, aparece como ministro de Defensa, pese a que seguridad y defensa se supone que eran áreas que estarían reservadas para Villarruel.

El militante de la derecha Agustín Laje hizo algunas aclaraciones a la prensa la misma noche de la elección. En ellas ratifica lo que llama el «curso conservador» de Milei, pero también abre dudas de hasta qué punto se respetará ese compromiso. Ante una pregunta del periodista Sebastián Davidovsky acerca de si iba a ser un gobierno liberal o también conservador, Laje afirmó que «también va a hacer un gobierno conservador, porque la compañera de fórmula de Javier Milei es conservadora, y [está] haciendo una alianza que ya se ha probado en otros lugares con conservadores». A riesgo de ser reiterativo, Villarruel no se describe a sí misma como conservadora, sino como nacionalista. El entrevistado no señala que Milei sea un conservador, directamente deposita la fe en la vicepresidenta que no participa del poder ejecutivo, sino que preside el Senado.

Villarruel no era antes una persona ampliamente conocida, como lo es ahora, hasta que Milei la bendijo. Milei dio apoyo a Villarruel, y no al revés. Según Laje, será necesario esperar a las elecciones de medio término para ganar una mayoría que permita avanzar con la derogación de la despenalización del aborto, pero ya se podría esperar del gobierno de Milei que cancele todo lo que tenga que ver con feminismo promovido por la agenda del «*lobby* gay». Lo sorpresivo fue que hiciera por primera vez esta disección de ideas de la confluencia.

Es difícil predecir cómo se desarrollará este equilibrio, pero el hecho de que Laje crea en su aliada Villarruel más que en su declarado amigo es señal de confusión dentro de las figuras de los partidos.

9

Los «neoliberales»

Hace muchos años que desde la izquierda se denomina neoliberalismo al liberalismo y se lo relaciona con un mero interés económico como una forma de menospreciarlo. Ahora, con ese tipo de liberalismo asociado a los nacionalismos cristianos, nace oficialmente algo llamado «liberalismo sólo en lo económico», que sería esa suerte de pinochetismo que reivindica al hombre fuerte que no se detiene ante la ley para imponer el orden y las buenas costumbres, pero que permite el desarrollo de la producción y del comercio.

Se trata de esa ideología que legitimaba los golpes militares salvadores del caos, donde la obsesión por las cuestiones económicas no tiene que ver únicamente con las recurrentes crisis o con una sobrevaloración de esas cuestiones, sino que busca el establecimiento de un protectorado moral, algo que nos aleje de las tentaciones de nuevas ideas, libertades y formas de respeto a las opciones diferentes; así, lo que se trata de establecer es un liberalismo que no sólo respete el proyecto de comprar y vender del individuo, sino de elegir sus valores de todo tipo.

Para eso, del lado nacionalista se dirá que lo que les hacía falta a ellos era entender los beneficios de la libertad de producir y los bajos impuestos; del otro no se dirá otra cosa que la reiteración *ad nauseam* del término *batalla cultural* como si fuera el manto que cubre un crimen.

Como si hubiera sido planeado así, este, ahora sí, «neoliberalismo» producto de la mutilación es acompañado por el surgimiento de nuevas figuras que lo puedan expresar, porque las de siempre hablaban de derechos individuales, de que cada uno viviera su vida, del imperio del derecho (*rule of law*) y de la inexistencia de salvadores, y éstas debían ser enviadas a su retiro. Eso le decían precisamente los mileístas al economista liberal Roberto Cachanosky, que se retire, que estaba viejo por objetar cosas de Milei.

Hacía falta un liberalismo a la altura del partido militar de antaño, que contuviera el mensaje de control católico, el discurso antigay, antiteorías de género, transfóbico, misógino y patriotero en momentos cruciales, y con el gusto por los personajes como Trump o Nayib Bukele, pero preservando las privatizaciones.

Así surgieron caras nuevas como voceros de la ideología fusionada. Ahí aparecen figuras que interactuaban con Milei y ganaban fama fácilmente llenándolo de elogios, como el economista Miguel Boggiano, hijo de Antonio Boggiano, miembro de la Corte Suprema catalogada como «menemista» e integrante del Opus Dei que, al llegar el gobierno de Néstor Kirchner, modificó sus votos para avalar la pesificación forzada de los depósitos en dólares a un cambio confiscatorio. Luego, Antonio Boggiano fue traicionado por el entonces presidente, que, pese a los servicios prestados, impulsó más tarde un juicio político contra él, con lo cual fue finalmente expulsado del tribunal.[47]

Otra cara nueva fue Miguel Adorni, que ahora actúa como su vocero oficial en el gobierno, otro economista muy amigo de los mensajes de mano dura y señalamiento de «indeseables». Boggiano, Adorni y otros, junto con un conjunto de *influencers* sin ninguna formación, expandieron el mensaje en las redes de la cultura católica, la burla hacia las minorías, la postura anticiencia de demonización de las teorías de género..., todo lo que interesaba en general al nacionalismo y a los religiosos metidos a la política, junto con la adoración a las figuras internacionales que encarnaban sus ideas, pero siempre titulando eso como «liberalismo» y designando como «progre» cualquier cosa diferente. Ellos eran malos porque eran muy libres para expresarse, decían.

Así se conformó el neoliberalismo de verdad, con caras nuevas. Lo liberal era ahora lo neoliberal, aunque, de manera literal, casi una caricatura hecha por la izquierda para denostar al liberalismo, pero hecha desde la derecha.

Sin embargo, ni siquiera desde el punto de vista económico puede haber algo como una libertad sólo en lo económico, de acuerdo con las propias ideas de la escuela austríaca que Milei dice representar y que varios de cuyos cultores y profesores en Argentina avalan. Esto es así porque, en el comercio, cada uno actúa de acuerdo con su propia escala

47. Vázquez, Adolfo R., *Asalto a la Justicia: la intervención de la política en la Corte Suprema. Crónica de una destitución*, Sudamericana, Argentina, 2016.

de valores; es en esa búsqueda en la que se interesa y emprende acciones. Restringir la escala de valores de cada uno a los valores elegidos por terceros es reducir el grado de satisfacción que cada uno pueda lograr; esto es la riqueza, que es subjetiva, porque, según enseñan los austríacos, el valor económico es subjetivo. Esto es, de alguna manera, como apagar el motor de la economía que es el interés personal.

Todo lo demás que no es economía, de ser controlado, implica un totalitarismo. Pero la propuesta quiere decir algo más concreto: una especie de imposición de la jerarquía eclesiástica. Hablamos de una Iglesia que tuviera el control de cuántas libertades otorgar y que nadie tema, que no diga mucho de asuntos de dinero y que deje hacer, siempre bajo su ojo vigilante —porque, cuando dejó de tenerlo, algunos tendieron a vestirse según sus géneros percibidos y siguieron los impulsos de una sexualidad no aprobada por Dios, que es la que tiene como fin procrear.

Aunque, de ser necesario, y mientras el Estado no acompañe, se iniciará la batalla cultural para impedir estas «degeneraciones»; y eso incluirá el control de empresas como las de *streaming* que promueven ese tipo de hedonismo para favorecer el acceso al poder de la izquierda, de la que creen que todo defensor de la economía de mercado debería prevenirse.

No lo dirán de esa manera ni lo escribirán, pero es la coincidencia básica de la fusión de tres términos desvirtuados.

10

Milei y sus alianzas

La batalla cultural: la ideología de que existe una ideología de género

El liberal católico Alejandro Chafuen respondió en las redes a una afirmación de la revista *Reason* en X (antes Twitter) acerca de que las únicas similitudes entre Trump y Milei eran estéticas. Chafuen se dio prisa en aclarar que existían más: «Muchas similitudes. Provida y opuesto al aborto (más que Trump), trasladará la embajada a Jerusalén, no tocará la "seguridad social", al menos por ahora, está en contra de la ideología de género y no promoverá la agenda LGBTQ+, es escéptico con respecto al cambio climático, @larry_kudlow y @StephenMoore = Milei».

Mientras otros liberales quieren dejar sentado que Milei no es como Trump, Chafuen, que es el patriarca de ellos, tiene claro que sí.

La idea que más le interesa a Chafuen y a quienes piensan como él tiene que ver con esta «ideología de género».

Cualquier conocimiento sobre cómo tenemos incorporados roles de género y los atribuimos a las personas desde el nacimiento es calificado como un desconocimiento, sin importar que todos los especialistas coincidan en la realidad de las teorías y que los que se opongan lo hagan en nombre de creencias religiosas. Abrirse a las teorías de género no es aceptable bíblicamente, como no lo era la astronomía. Tal cosa no puede ser ciencia, sino que tiene que ser ideología, algo que se esgrime para acumular poder, como una conspiración posmoderna; y lo es tanto que, por medio de agentes conspiradores, impregna a los medios de comunicación y a la producción cinematográfica, en especial de Disney. Todo lo que tenga que ver con el género es parte del liberalismo no económico (siguiendo un concepto de economía casi soviético), una cuestión moral que compromete la subsistencia de Occidente, que depende a su vez de que se mantengan los valores cristianos, cuya cuestión principal es el sexo ordenado entre hombres y mujeres.

Jamás aceptan la teoría del género, y no la critican por el conocimiento que puedan tener de ella, sino por dogmas. Y ni mucho menos la estudian; apenas intentan ridiculizarla sobre la base de la ignorancia de la población en general a cerca de la cuestión, y la vinculan a una intención de las Naciones Unidas de imponer un orden mundial. No se explica nunca cómo pensar el género lleva al poder, pero seguro que sembrar fantasmas sí lo consigue; es una de las más viejas estratagemas el respecto. Ésa es realmente la única ideología aquí.

La gente es bombardeada por todo tipo de grupos políticos y gobiernos con gran capacidad de fuego en las redes sociales, y la mitología que se consume ahí es profusa y tiene un sorprendente éxito, a pesar de que llega al absurdo.

Una cantidad enorme de gente cree que, en los colegios, los menores son sometidos a la pornografía y se los sexualiza. Piensan que muchos padres quieren cambiar la percepción de género de los menores para después mutilarlos en un quirófano, y que si no lo hacen los padres lo hacen las maestras, Netflix o los comunistas. Creen que hay que confiar ciegamente en los padres, pero que, si de alguna manera tienen en cuenta las tendencias de los menores más que las normas de género que también a ellos les enseñaron, hay que quitarles toda potestad, en el entendimiento de que persiguen gustos propios e inducen a los niños a adoptarlos también.

Con esos planteamientos difunden vídeos cuyo origen nadie puede comprobar y de los que, cuando se tira del hilo, se llega fácil a la conclusión de que son un invento. No sólo los inventan ellos por un interés en despreciar a las minorías, es que el prejuicio es tan fuerte que ese material asegura su éxito en las redes, y, con ello, los ingresos de quienes los hacen. Algunos canales de YouTube llegan incluso a realizar producciones de ficción sobre cosas como descubrir a un transexual robando, con lo cual generan repudio sobre ellos. Son vídeos con unas actuaciones horribles de los actores y actrices, de situaciones totalmente estereotipadas, pero la mayoría del público se los traga igual porque confirman sus creencias.

Eso es lo central de la llamada «batalla cultural», y ésta está tan asentada en prejuicios que sus acciones resultan tener un gran éxito propagandístico al identificar fantasmas y poner a la gente a cazarlos y verlos por todos lados.

La realidad no tiene que ver con plan político alguno ni con malas intenciones de los padres. Las teorías de género provienen de la antropología, la psicología, la historia y la filosofía, y están inspiradas en el bienestar del individuo y en su más íntima y elemental libertad, que quedará indefensa por no ser económica. Los padres simplemente se han puesto a escuchar a esos hijos que manifiestan disconformidad de género, en lugar de torturarlos o repudiarlos como se ha hecho tradicionalmente.

Se tiende a subestimar el problema como el de una minoría, pero si toda una rama de la oferta política se alimenta de hostigar a esa minoría y a menores de edad, entonces se convierte en un asunto político de suma importancia, como la que podrían tener otras cuestiones vinculadas con la seguridad de las personas. Colocar todo eso en una caja etiquetada como izquierda y declararlo en conflicto con una parcialidad política, y de los principales, es una elección caprichosa que no tiene como objetivo combatir contra la izquierda, sino hacer efectivo un control moral disfrazándolo de resistencia a una supuesta conspiración. Tal conspiración no se prueba, no se detalla, no se entiende cómo conduce al fin que dicen que conduce, y sólo se usa para establecer la supremacía de la religión y cierta moral. Ni siquiera se intenta la refutación de tal conspiración porque se teme profundizar en la cuestión.

Es fácil confundir el hecho de que esas teorías tengan consecuencias políticas —como la necesidad de adaptar las que lleguen a ser materia de demagogia política— con el crédito que merezcan. Porque se los quiera llevar a la legislación o se quieran crear ministerios, no significa que sus fundamentos sean erróneos o que no importen verdaderamente a «proyectos de vida del prójimo» fundamentales para las personas involucradas y que merecen respeto. Al empujar todo el asunto a la izquierda se está utilizando a personas concretas, tanto como se dice que la izquierda las utiliza, pero no para defenderlas, sino para generar hostilidad sobre ellas.

Mientras tanto, ¿qué nos ofrecen las teorías de género?

Lo primero a descartar es que las teorías de género desconozcan o desmientan la observación biológica y fisiológica de los sexos. También existe la intersexualidad, que consiste en una serie de características biológicas, no en la identidad de género en sí de la persona; pero los ideólogos del antigénero desconocen todo ello. Ése no es, sin embargo, su principal error.

Se acusa a las teorías de género de negar la realidad de lo que es un hombre o una mujer, pero la investigación del género echa nueva luz sobre el fenómeno de los roles, las expectativas y los sobreentendidos que están detrás de cómo usamos y asignamos a los individuos el rol de ser mujeres u hombres desde el nacimiento. Es decir, se acercan a la realidad de lo que es ser hombre o mujer.

Judith Butler, autora de *El género en disputa*, de 1990, y *Cuerpos que importan*, de 1993, es el Emmanuel Goldstein (el de la novela *1984*) de la actual derecha religiosa, alguien que, como George Soros, representa para ellos el mal en sí mismo. Ella explica mejor de lo que podríamos hacer aquí el vínculo entre el cuerpo y el género, de un modo que los críticos prefieren ignorar, porque, claro, es de izquierdas, como podría serlo el dentista o el paseador de perros de ellos mismos. Butler dice:

> Insisto con que lo que es ser mujer o, en efecto, lo que es ser un hombre o ser de cualquier otro género es una pregunta con una respuesta abierta. Tenemos todo un rango de diferencias biológicas en la naturaleza, así que no las niego, pero no creo que éstas determinen quiénes somos de algún tipo de manera definitiva. En el centro de esta controversia está la distinción entre sexo y género [...]. El sexo es una categoría que es asignada a los infantes al nacer que tiene una gran importancia en aspectos legales y médicos. El género es una mezcla de normas culturales, formaciones históricas, influencia familiar, realidades físicas y deseos, y tenemos algo que decir al respecto. A mis veinte años caí en la cuenta de que no eran sólo los judíos quienes eran aprehendidos y exterminados por el régimen nazi, eran también los raros (*queer*), gais y lesbianas, eran las personas con discapacidades, gente con enfermedades, trabajadores polacos, comunistas [...], mucha gente ha sido sujeta a políticas genocidas y a entender que hay diferentes formas de opresión [...]. Uno tiene que aprender historia para no repetir los errores, y eso requiere que uno pida justicia no sólo para el grupo al que pertenece, sino para cualquier grupo que sufra de una manera similar.[48]

¿No tienen esas ideas una relación con la libertad? ¿Por qué cuando Milei grita «viva la libertad, carajo», deja fuera

48. «Berkeley professor explains gender theory | Judith Butler» [vídeo], YouTube, s. f., <https://www.youtube.com/watch?v=UD9IOllUR4k&t=643s>.

esta realidad y sus seguidores parecen tan apasionados como él en hablar de la libertad en abstracto y no entenderla en este caso en concreto?

Ésta es la gran contradicción que ha creado el liberalismo/libertarianismo surgido a partir de la revolución de Trump. Pero no es económica, así que parece que debemos dejar actuar a la nueva inquisición.

La genitalidad es parte del cuerpo, y el género es un conjunto de expectativas, mandatos y roles normativizados culturalmente como correspondientes a cada tipo de genitalidad. La influencia de tales expectativas y roles es tan fuerte que hasta entendemos al sexo a través del género. Eso que entendemos por sexo está influido por el dispositivo cultural irremediablemente. Todo el camino del género que le toca a una persona se determina en el momento del nacimiento mediante la observación de los genitales.

Lo importante de esta forma abierta de abordar el género, como algo no necesariamente determinado por lo biológico, es que explica eso, en lugar de hostilizar a esos supuestos inadaptados a las normas en cuestión; desde una epistemología psiquiátrica un tanto ciega, tal inadaptación se catalogaría simplemente de problema mental, pero debería tomarse como lo que estaba quedando sin explicar en la teoría «normal», la binaria.

Y hay algo más... Al explicar los casos de los «inadaptados» entra en juego la situación de los «adaptados», porque estar conforme con las reglas correspondientes al género asignado según la genitalidad no significa que ésa fuera o hubiera sido la mejor alternativa para el individuo si hubiera tenido la libertad mental de planteárselo, de pensar su propio proyecto en un montón de cuestiones en vez de correr la carrera de la adaptación para no quedar relegado socialmente. La batalla cultural persigue reforzar esos temores para que las cosas no se salgan de control.

Si vemos cómo las reglas de género cambian con el tiempo y con las distintas culturas, podemos concebir una mayor libertad, y ése es el beneficio que trae la ciencia. Si lo que vemos al hacerlo es una explosión de gente que se declara disconforme con lo que le tocó en ese reparto, será porque la teoría ha dado en la tecla, y eso es algo mucho más razonable de pensar que la idea de que todo esto haya sido consecuencia de la propaganda de la izquierda para que la gente salga del lugar de género que le corresponde y vote en las elecciones a quienes ellos quieren.

Mucho más barato, directo y eficaz sería hacer vídeos en TikTok sobre las bondades del socialismo y lo simpáticos que son sus dictadores que entrometerse en el arduo trabajo de derribar prejuicios para llegar al poder y mantenerlo por un milenio —sin que se sepa tampoco por qué una cosa iba a conducir a la otra.

La ideología según la cual existe una ideología de género no quiere entrar en estas cuestiones, las tratan como tabúes que ponen en riesgo su identidad y su posición en la vida y ante la vida, es decir, su propio diseño de género; y ello despierta temores inmensos que no hacen más que ratificar lo que las teorías explican sobre cómo se inculcan los roles y lo violento que es el proceso. El provecho político no lo sacan quienes se abren al conocimiento del género, en realidad sólo disuelven dispositivos de poder perversos. En cambio, difundir el temor siempre es útil en política.

Se escandalizan acerca de la cantidad de géneros que se consignan, y se simplifican las cosas para ridiculizar esta perspectiva que acepta que pueda haber tantos tipos de géneros como de individuos. En definitiva, se trata de que las personas tengan maneras de ganar espacio para autodeterminarse. Esto implica mayor libertad, mayor riqueza, menor enfermedad, menores conflictos. La multiplicidad de géneros implica restarle autoridad a la disciplina del género sobre lo que las personas quieren. ¡Eso es creer en la libertad, carajo!

En el campo teórico y de la experimentación habrá nuevas evoluciones, y las teorías que no son más que nuevas formas de explicar cosas que han estado con el ser humano desde siempre nos darán otras sorpresas que derribarán nuestros sobreentendidos. También habrá refutaciones, como es normal, en el campo científico. Pero lo que no es aceptable es la politización de las teorías de género para denigrarlas y dejarlas de lado, para establecer la supremacía de una irracionalidad organizada. La nueva derecha busca una censura completa de una más abierta, empática y consciente forma de ver a los individuos.

Si llamamos a todo esto ideología siguiendo la acepción que Marx le da, como una construcción conceptual que esconde posiciones de privilegio e intereses concretos, el tratamiento de las cuestiones de género y la promoción de la tolerancia son lo opuesto a una ideología, son una forma de desarmar una ideología arraigada que ha teñido nuestra civilización tanto como la preeminencia del varón sobre la mujer. Es algo que influye a la religión en realidad. La Biblia y el Corán están cargados de normas estrictas y opresivas de género, y la condena a la homosexualidad tiene que ver con su incumplimiento.

Las teorías de género aportan algo más, que es un escepticismo acerca de lo que creíamos sobre algo que parecía evidente, pero estaba cargado de presupuestos sin revisar y que, al observarlos, dejan ver injusticias cometidas con personas, que en muchos casos son personas cercanas a nosotros.

Con el conocimiento del género llegamos a entender una parte importante de la violencia del *bullying* en los colegios, las familias y los lugares de trabajo para perpetuar esas normas y cuidar que nadie se salga de ellas. Esto que existe a nivel inconsciente en la sociedad —y que se disuelve, porque su evolución es parte de la razón por la que los sobreentendidos sobre los géneros se pueden revisar—, los ideólogos de la nueva derecha quieren suplantarlo por una campaña de hostigamiento y conformación de ejércitos en las redes llamada «batalla cultural»; la que, a fin de cuentas, quiere instalarse en el Estado.

Que Milei se ponga al frente de esto como DeSantis en Florida es un asunto abierto todavía, pero lo que está claro es que fueron estas tendencias las que lo llevaron al poder y que él eligió formar parte de eso.

Eso conlleva mucha destrucción de valor y mucho conflicto innecesario. Estamos pasando por la violencia de la derecha en el discurso, en la política y en el gobierno, sólo porque las normas de género que intentan proteger fueron inculcadas con altas dosis de temor y están desapareciendo por el propio peso de la libertad.

El estudio de lo humano nos brinda el conocimiento de

nuestra potencialidad y de nuestras ataduras. Como la psicología aportó luz a la conexión con lo que realmente queremos y nos separa de los traumas, las teorías de género arrojan también luz sobre todo un montón de ataduras inútiles.

El conocimiento de las doctrinas sobre el género despierta interés, pero la intervención de la fe religiosa no permite ver la ciencia y la filosofía que hay detrás. Ideología es en cambio obstaculizar cualquier experiencia relacionada con estos asuntos como algo exterior y ajeno para mantener una postura de poder.

Es importante entender esto porque la ideología que mantiene que hay una ideología de género tiñe completamente el carácter de la nueva derecha, y esto abarca desde Vladímir Putin (con sus atrocidades y atropellos) hasta Donald Trump, Viktor Orbán, las Iglesias cristianas, los partidos europeos como Vox o Fides..., todos ellos están en guerra contra las teorías de género, contra las libertades que de ahí se desprenden; por lo tanto, también lo están Milei y Villarruel, así como el lado menos comentado del programa del presidente argentino.

La sola actitud de empujar a muchas personas a la clandestinidad, retrocediendo décadas atrás, tiene una profunda influencia en la libertad que a ningún liberal se le debería escapar. Ubicar el estatus de un sector minoritario por debajo del estatus del grueso de la población coloca a los afectados por ello en la situación que Thomas Szasz llamaba «asesinato simbólico», una situación en la que sus derechos e integridad no valen nada y la violencia y el abuso contra ellos está habilitado. Esa pretensión supondría vivir en una verdadera sociedad de castas y constituiría un verdadero fomento del crimen, ejercido desde planteamientos de una banalidad pasmosa.

El término *lobby* alude a grupos que elevan peticiones a las autoridades, pero, en el caso de un «*lobby* gay», *lobby* parece querer decir que hay reclamos ilegítimos por parte de un programa político consistente en convertir en gay a todo el mundo. Sería positivo que hubiera un *lobby* tendente a llamar la atención sobre la amenaza contra la integridad física, psíquica, política y jurídica de las personas LGBTQ+, como de cualquier tipo de víctima que padezca la vulneración de sus derechos. Ésa no es una agenda particular, es la agenda de las constituciones clásicas que asignaban al Estado la misión de proteger derechos.

El *lobby* ilegítimo es, en todo caso, el que busca que la ley provea estatus a las personas y que el Estado mantenga, de hecho o de derecho, las diferencias. El liberalismo redefinido, al que pertenece Milei, está quedando del lado de las restricciones, de temas que no se pueden hablar, junto con el conservadurismo redefinido y el cristianismo completamente desnaturalizado.

El liberalismo en lo económico parece que tiene que recurrir a lo económico para decir algo que Milei repite una y otra vez: que hagan lo que quieran, que cada uno se acueste con un elefante si quiere, mientras no me pasen la cuenta. Esto dice quien afirma ser padre y abuelo de perros.

Pero resulta que nadie le pasa la cuenta, o no le pasan más la cuenta de lo que supondría que alguien llamara a la policía porque le han robado el coche. No se trata de otra cosa que de una argucia más para asociar a las minorías con un comportamiento de parásitos, no para buscar su bienestar, integridad y dignidad. La apelación al sexo con animales (el elefante) es una forma habitual de deshumanización de esas minorías, lo cual que es parte indispensable de la batalla cultural.

Aquel Milei que años antes hablaba de que la izquierda se mete en el bolsillo y la derecha en la cama pasó a ser el Milei que insulta a Rodríguez Larreta por celebrar el Día de la Lucha contra la Discriminación por Orientación Sexual e Identidad de Género y que termina repitiendo la frase hipócrita de que el liberalismo es el respeto irrestricto del proyecto de vida del prójimo. En un caso crucial e histórico, que seguro involucra a mucha gente que conoce, demuestra no profesar ni siquiera el respeto de no deshumanizar al otro.

Palabras deshumanizantes similares utilizó su frustrado candidato a gobernador Ricardo Bussi: «El que decide ser travesti, que se la banque solo; no se puede dar una cuota del Estado a alguien que pertenece a un grupo minoritario». (Independientemente de lo que se considere sobre una u otra política de subsidios o apoyos, parece claro que, para Bussi, las minorías no pueden acceder a cosas a las que pueden acceder las mayorías.) Y eso lo dijo después de decir: «Son seres humanos que merecen todo nuestro respeto. Como los rengos, como los ciegos, como los sordos. Son pequeños sectores de la sociedad que tienen que ser reconocidos, claramente».[49] Y añadió: «Lo que no queremos es que lo banquemos entre todos, porque el que decidió su camino

49. «Candidato de Milei sobre homosexuales. "Merecen respeto como los rengos, los ciegos y los sordos"» [vídeo], YouTube, s. f., <https://www.youtube.com/watch?v=tnfS9ioajto>.

sexual es responsable de sus decisiones, no tenemos por qué hacer cargo de eso a toda la comunidad».

De nuevo está ahí esta asociación de las minorías con las peticiones de subsidios y con los costos para el fisco. Con ese subterfugio se desconoce el estatus de igualdad ante la ley, la humanidad y la dignidad de las costumbres, a la vez que se asigna a ciertos individuos el carácter de pedigüeños y de querer depender de los demás, cuando lo que buscan es liberarse de los demás o de las normas de los demás.

Milei y las drogas

Las drogas son uno de los temas en los que quienes interpretan a Milei como un liberal extremo (o puro, según los gustos) han errado de manera más clara al describir al personaje afirmando que es partidario de su despenalización. Fue el caso de Juan Ramón Rallo, Jesús Huerta de Soto y algunos genuinos libertarios en Estados Unidos.

Milei, en cambio, afirma, por lo menos desde su unión con los nacionalistas cristianos, que la guerra contra las drogas debe continuar porque su liberalización en el contexto de un estado de bienestar llevaría a un incremento del gasto público para la atención de sus consumidores.

Se trata de un argumento que no resiste el menor análisis y que sigue la línea de hablar de costos fiscales para encubrir un ataque a las libertades personales. En primer lugar, la guerra a la droga no evita las consecuencias médicas del abuso o de los efectos del consumo, sólo lo hace clandestino y, con eso, hasta más peligroso desde el punto de vista de la salud.

En segundo lugar, no todas las personas recurren al sistema público de salud. En cambio, si la producción y distribución de las drogas están cerca de los barrios marginales, donde están quienes asisten a los hospitales públicos y centros de rehabilitación en su mayor parte, es debido a la prohibición.

En tercer lugar, la guerra a las drogas es la que consume volúmenes crecientes de recursos públicos en la policía, la inteligencia, la regulación y el control de la regulación bancaria e impositiva y los gastos en salud o sepelio de los heridos, horas y horas del tiempo de los legisladores y los muertos producidos tanto del lado de las fuerzas de la ley como de los narcotraficantes. Todo eso dilapidado, sin lograrse objetivo alguno.

Lo que no queda claro es si Milei echa la culpa al estado de bienestar o lo agradece y lo considera indispensable como para mantenerlo financieramente sano, pero, en todo caso, eso lo alejaría de la definición de liberal extremo o puro y de liberal a secas también.

El argumento prohibicionista de Milei es más restrictivo incluso que el que se opone a la despenalización invocando causas médicas, en una concepción de la medicina que lleva al cuidado de los cuerpos de los individuos como si fueran un bien público; simplemente se sostiene que, cuando el estado financiero de las arcas públicas obliga a restringir libertades, es una buena justificación para ser prohibicionista.

Con ese criterio también se podrían prohibir cosas como el consumo de sal, azúcar, alcohol, grasas trans o comida basura. Todo eso lleva también a las personas a la consulta médica.

Milei debe conocer al menos la matemática elemental del problema que plantea al llevar la cuestión a la presión sobre el sistema de salud, que lleva a conclusiones opuestas a las que afirma; y ello aun dejando por completo de lado el problema ético de la libertad personal. La prohibición de las drogas es la que drena los recursos públicos, sin contar el costo imposible de contabilizar de la corrupción de la policía, la desatención de verdaderos problemas de seguridad de la población y la creación permanente de organismos que giran inútilmente alrededor de algo que nunca terminará por donde lo quieren terminar.

Lo que hace es desplazar hacia la argumentación económica algo que introduce como asunto moral, y eso no tiene que ver con su liberalismo-libertarianismo, sino con el espíritu puritano asociado a su faceta nacionalista cristiana, ahora también ampliada al judaísmo tradicionalista y ultra y a los grupos conservadores evangélicos.

El control de las drogas, como antes lo fue el control del alcohol, obedece a un espíritu inquisitorial inevitable entre los que creen que deben gobernar en nombre de su Dios, a los que las consecuencias de lo que plantean no les importan ni los harán moverse de su postura. Ese espíritu puritano se alimenta del deseo de los prohibicionistas de mantener una posición de superioridad. La política de perseguir «infecciones» en los hábitos de consumo de la gente es la de hacerse con el poder y disfrutar de él.

En la construcción de ese poder al que Thomas Szasz denominaba «dictadura terapéutica», un elemento crucial es sembrar el temor hacia el producto y hacia los consumidores, que, además, tienen el atrevimiento de buscar el placer; un placer que los puritanos ponen en conflicto con el bienestar general del que ellos cuidan y con los designios del Creador. El temor debe ser transmitido por todos los medios, igual que ocurre con los tabúes del sexo.

El político, por lo tanto, también tiene temor a plantear el asunto desde el sentido común, así que el presidente argentino sería uno más de aquellos que no dan el paso.

Negar una libertad argumentando que genera gasto público es una copia del cliché que se usa en Estados Unidos para hablar de la inmigración, y con ello se incurre en errores similares, sólo porque no se quiere reconocer que se busca restringir lo que se quiere restringir para manejar a la gente o por mero racismo, con un espíritu antiliberal, o no liberal.

Este axioma se tomó y tergiversó a partir de una provocación lanzada por Milton Friedman en un programa de televisión, con un propósito opuesto al que se lo interpreta ahora. En esa ocasión, el economista afirmó que la inmigración ilegal se había vuelto preferible a la legal, dados los gastos en el sistema de seguridad social de la segunda modalidad. Pero Friedman decía esto sólo para argumentar contra el estado de bienestar, no contra la inmigración, que decía que debía continuar de manera clandestina.

Los que ven a los inmigrantes como una infección para la cultura o la identificación étnica de la población toman el argumento de Friedman al revés, como si fuera contra la inmigración. Para tapar su espíritu racista o xenófobo, disfrazan con esa ideología algo que no tiene nada que ver con las ideas de la libertad o el cuidado de las finanzas públicas; esto es lo que hace significativo que no se quiera ver la verdadera posición de Milei en la materia, con independencia de lo polémico y arduo que sea el problema en sí para un político que tiene que considerar los temores reales o inducidos de la población.

La toma de posición al respecto ha sido tal que, para ratificar su apuesta por la continuidad de la guerra contra las drogas, ha nombrado como su ministra de Seguridad a Patricia Bullrich, tras su acuerdo con Macri para la segunda vuelta electoral, cargo que ya ejerció para él. Bullrich ha hecho de la lucha contra las drogas su principal fortaleza, sobre eso ha asentado su marketing electoral. Durante su gestión había una profusa difusión de procedimientos policiales para detener a traficantes de marihuana, una droga que en muchos sitios del mundo está dejando de prohibirse y cuyo tráfico está lejos de representar el mayor peligro para la seguridad o para la salud pública. Se trataba de procedimientos contra redes de traficantes y distribuidores tan pequeños que jamás había un disparo en esos casos policiales.

De economista clásico a anarcocapitalista

Hay un economista Javier Milei anterior a su salto a la fama que era percibido como un técnico y era cercano al entonces aspirante a la presidencia por el peronismo, primero menemista, después kirchnerista, Daniel Scioli, al que ahora ha dejado a cargo de la embajada en Brasil, que ya ocupaba sirviendo a Alberto Fernández. Antes, Scioli también había hecho su evolución desde defensor de las políticas de transformación de Carlos Menem a querer ser el mejor alumno de quien vino a ponerles fin, que fue Néstor Kirchner, del que fue su vicepresidente.

Mientras, lógicamente, se revisaba su pasado durante la campaña electoral y Milei lo interpretaba como una campaña sucia, entre otros saltó este antecedente, que el presidente explicó diciendo que había trabajado con Daniel Scioli en la etapa en la que éste era liberal. En realidad, esto ocurrió durante 2014 y 2015, en la etapa más kirchnerista de Scioli, si es que alguna vez hubo un espíritu liberal en su pasado, cuando fue candidato a presidente por el peronismo kirchnerista y competía con Mauricio Macri. Podría haber sido un intento, perfectamente legítimo y loable, de llevarle ideas a un candidato para invitarlo a tomar un rumbo que se tiene la convicción de que es el que más conviene al país, pero lo relevante es que Milei elige acomodar el pasado para adaptarlo a su presente. Milei es, otra vez, su propio Ministerio de la Verdad al estilo orwelliano.

Incluso el ministro de Economía de Menem y, luego, de De la Rúa, Domingo Cavallo —que posiblemente tuviera la misma intención de influir sobre Scioli—, lo mencionó y lo elogió como un hombre que era un buen asesor del candidato kirchnerista.

En ese momento, Milei se parecía más a un economista clásico que a un representante del liberalismo de la escuela austríaca o a un anarcocapitalista, e incluso estaba conforme con las maniobras del entonces ministro de Economía de Cristina Fernández de Kirchner y actual gobernador de Buenos Aires, Axel Kicillof, cuando ocurrió lo que Milei denominó un «ataque especulativo» contra el dólar, a lo cual el ministro reaccionó incrementando la tasa de interés a través del Banco Central de la República Argentina.

Es después de su paso por las filas de Scioli cuando Milei se acerca a ideas más liberales; y desde ese lugar se convierte en un crítico acérrimo de la política económica de Macri en los medios de comunicación, sobre todo presentándose como un antikeynesiano, atacando el gasto público y al Banco Central, pero no a cualquier Banco Central, sino al que otra vez intervenía la tasa de interés para sacar los pesos emitidos alegremente para financiar al Tesoro, reprimiendo la inflación mediante la creación de deuda.

Así, llamó héroe al presidente del Banco Central Federico Sturzenegger, de quien Milei se hizo muy cercano —e incluso su nombre sonó al principio de la transición como su posible ministro de Economía, por ese manejo de las tasas de interés.

Es la renuncia de Sturzenegger lo que desata la furia de Milei contra el gobierno de Mauricio Macri y su jefe de gabinete, Marcos Peña, y propone:

> Desde mi punto de vista va a tener que usar todos los instrumentos que tenga a la mano para tratar de frenar el dólar como sea. Acá hay varias cuestiones muy delicadas; yo soy partidario de que, si es necesario, suba la tasa, que siga subiendo encajes como lo hizo, que haga canjes de Lebacs por Letes o cualquier elemento que achique el balance del Banco Central, en especial lo que tiene que ver con las Lebacs, que es emisión monetaria potencial. Y, además, si necesita vender dólares, que también lo haga.[50]

50. Arbia, Carlos, «Javier Milei: "Sturzenegger fue el mejor presidente del Banco Central de la historia, es un héroe"», *Infobae*, 14 de julio de 2018,

El reemplazante de Sturzenegger, el que llevaría a cabo la política del Banco Central cuando Milei comenzó a proponer su cierre y destruía maquetas del edificio que lo alberga en televisión y en el teatro, fue Luis Caputo, luego elegido como su ministro de Economía y elogiado por él como el experto entre los expertos de las finanzas que sacaría a Argentina de la encrucijada en la que está por haber emitido un volumen inmenso de deuda para retirar pesos emitidos para financiar el déficit fiscal.[51]

En paralelo a esas posiciones técnicas en concreto, desarrollaba su identificación libertaria y anarcocapitalista en abstracto. Eso es lo que lo conforma como personaje político: se convierte en la cara a presentar para los nacionalistas católicos y los liberales católicos que buscaban su propio Trump o Bolsonaro. Ese discurso debía combinarse con el espíritu del control moral de las costumbres modernas que llevaban a la perdición de Occidente, control impulsado por los mismos grupos eclesiásticos que se veían expuestos debido al abuso y al encubrimiento de abusos de miles de niños por religiosos cristianos en todos los países.

El puritanismo antiminorías sexuales y de género se desarrolla en paralelo al destape de esas investigaciones de pederastia (con su eco en series y películas, más que en medios de comunicación), y se une a los políticos nacionalistas

---

<https://www.infobae.com/economia/2018/07/14/javier-milei-sturzeneg ger-fue-el-mejor-presidente-del-banco-central-de-la-historia-es-un-heroe/>.

51. «Javier Milei: "No hay mayor experto financiero en la Argentina que Luis Caputo"», *Infobae*, 27 de noviembre de 2023, <https://www .infobae.com/economia/2023/11/27/javier-milei-no-hay-mayor-experto -financiero-en-la-argentina-que-luis-caputo/>.

y a una retórica libertaria. Ésta es la ideología, imposible de catalogar desde mi punto de vista de conservadora, liberal, libertaria o siquiera cristiana.

Así se demuestra que, incluso en materia económica, su retórica en abstracto es extrema o «pura», según se la quiera ver, pero, a la hora de los acontecimientos, es una repetición de cosas que ya se han visto. De la misma manera, su retórica en asuntos morales es tan amplia como para permitir a sus ciudadanos «tener relaciones con un elefante»,[52] pero cobija, habilita y legitima a un personaje homófobo hasta el delirio y la fabulación de antecedentes como su amigo Nicolás Márquez, que se convierte en la referencia y el maestro de sus seguidores en toda esta materia que tanto espacio tienen en estas derechas.

Ése es el armazón completo del aparato ideológico de Milei, mientras se tapa diciendo que respeta proyectos de vida cuya anulación es central para el sector ideológico que lo sostiene, así como con poco convencidas alusiones a extremos reformistas en lo económico.

Esto podría funcionar como una pirámide: en la cúspide hay una serie de mantras liberales y anarcocapitalistas simples; por debajo hay interpretes que relacionan esos eslóganes con conservadurismo religioso, chovinismo, homofobia y lo que llaman patriotismo, para no llamarlo nacionalismo y evitar la identificación de las ideas; en la base están los seguidores que leen el mensaje a través de los filtros y representan la ideología al desnudo.

52. Bayly, Jaime, «Con Milei», YouTube, s. f., <https://www.youtube.com/watch?v=l1JobxPGHac>.

En materia económica, la cúspide libertaria tapa al economista clásico que piensa en términos de equilibrio general y que teme los efectos de la apertura del cepo cambiario[53] y comercial.[54]

Cuando alcanza el poder, desde la transición se muestra como un pragmático, no como un cultor de una idea, y hasta como un gradualista, por más que habla de *shock*. Lo que hace difícil que se entienda a Milei es ese tipo de doble discurso.

En una entrevista dada al periodista Luis Majul (de *La Nación*), Milei hace énfasis en formar una «selección», un equipo de lujo,[55] que era lo mismo que Macri decía de su gabinete.[56] Ese grupo de sabios será el que resolverá los problemas.

Eso no responde a una visión liberal del problema político, y menos económico. No es la sabiduría personal de una tripulación lo que hace próspera a una sociedad o la que le quita los obstáculos para serlo. Es un sistema, un marco ju-

53. «Dólar: Javier Milei explicó cómo piensa salir del cepo», *Ámbito*, 20 de noviembre de 2023, <https://www.ambito.com/economia/dolar-javier-milei-explico-como-piensa-salir-del-cepo-n5879999>.

54. Glezer, Luciana, «El plan de Milei para la industria: les da dos años para adaptarse y después la apertura total», *La Política Online*, 3 de noviembre de 2023, <https://www.lapoliticaonline.com/economia/milei-le-da-dos-anos-a-la-industria-para-que-se-convierta/>.

55. *La Nación*, «Entrevista exclusiva: mano a mano con Javier Milei» [vídeo], YouTube, s. f., <https://www.youtube.com/watch?v=Nl-57cyUF7o>.

56. «Macri: "Los funcionarios que elegí son un equipo de lujo"», *El Cronista*, 3 de diciembre de 2007, <https://www.cronista.com/economia/Macri-Los-funcionarios-que-elegi-son-un-equipo-de-lujo-20071203-0107.html>.

rídico lo que lo hace. El concepto mismo de liquidar al Banco Central de la República Argentina es que la sociedad no es maniobrable ni desde el más alto conocimiento técnico, porque nada puede reemplazar a la decisión de quienes internalizan las consecuencias de sus actos y cuentan con la información para actuar. Los expertos más expertos del mundo no pueden reemplazar semejante cosa, como quedó ampliamente demostrado con la caída del imperio de los expertos y la planificación centralizada que fue la Unión Soviética.

Pero no debemos tomar estas señales como algo definitorio, sólo destaco, como un elemento más en la tarea de desentrañar al personaje, que hay una distancia entre el Milei que actúa en la cúspide de la pirámide de la identidad filosófica (cómo quiere que se lo vea) y el Milei técnico, pragmático, conservador-interventor que hay detrás, en el terreno ideológico. Lo que vemos en realidad en Milei es una capacidad de cambiar de explicaciones rápido, como cambiar de ropa.

El actual presidente argentino tiene la oportunidad de ordenar la economía, que no es que se haya apartado de los principios prístinos del liberalismo que se suponía que Milei representaría, sino directamente del sentido común. Argentina no necesita por ahora ninguna extravagancia, más allá de ordenar las cuentas, reducir el gasto del Estado para terminar con la inflación, bajar la carga impositiva, liberar el comercio y eliminar regulaciones. Eso puede hacerlo un economista clásico, y veremos si Milei lo ejecuta sin causar otros problemas.

Ventas de armas, niños y órganos

Durante la campaña presidencial, mientras Milei hacía referencia a los que decía que eran sus autores favoritos (como Murray Rothbard), al periodismo le empezaron a interesar cuáles eran las ideas de esos nombres que el candidato mencionaba de paso. Alguno descubrió que, desde posiciones anarcocapitalistas, se especulaba con la posibilidad de que los órganos para trasplante fueran objeto de compraventa, con esta idea de prescindir del Estado y tratar de traspasar todas sus funciones actuales al mercado. Igual pasó con la propuesta de Rothbard de que los niños fueran entendidos como propiedad de los padres y objeto de comercio.

Milei, por un lado, cometió el error de meterse en esos temas en una campaña política y hacerlo con una superficialidad propia de alguien que se acaba de enterar de que tal especulación existe, porque otra persona no demasiado avezada se lo había planteado, tal vez alguno de los liberales católicos que querían convencerse de que se habían unido al nacionalismo católico por lo extremadamente liberal que era su candidato.

La venta libre de armas, además de promocionarse más y ser incluida en la plataforma electoral de La Libertad Avanza, se ha extrapolado a partir de temas debatidos extensamente en Estados Unidos, donde hay una larga tradición de poseer armas. En Estados Unidos se relaciona la posesión de armas con una interpretación de la segunda enmienda, y Milei toma la cuestión como una forma de devolverle a la gente la responsabilidad por su seguridad. Hay involucrada una cuestión muy importante para una sociedad libre, que es el derecho de defensa, pero no está exenta de peligro en un país como Argentina. Y, más allá de lo polémica que es la propuesta, Milei la expuso completamente hacia el final de la campaña. El obstáculo fue que su vicepresidenta Villarruel estaba en desacuerdo y que ésa era un área que se suponía que le correspondía a ella. Mientras él negaba que quisiera proceder con esa reforma, la propuesta seguía puesta en su plataforma.

Igual pasó con todo lo sobreactuado en Milei. Dijo en una exposición ante empresarios que si una empresa contaminaba un río no había problema alguno y que el cambio climático era un invento socialista. Todo eso tenía como fin levantar la bandera de su «demasiado liberalismo». Después se bajó de cada una de esas propuestas, sin provocar, ni cuando dijo lo que dijo, ni cuando se desdijo de cortocircuito alguno con su propio partido, porque lo que parece haber es un pacto implícito de dejarlo decir cualquier cosa, mientras responda a una ideología del poder a la que se adscriben.

En ese terreno se inscribe este relato de que los nacionalistas católicos ahora han descubierto la economía de mercado. Eso, en mi opinión, se aparta mucho de la realidad, revelando motivaciones no expresadas. De hecho, Agustín Laje, el gerente local de la batalla cultural, no esperó ni 24 horas para reclamar lo que llama el lado conservador de la «alianza» que tienen con Milei.[57]

57. Véase: <https://x.com/ArtemJoyero1/status/172676276538414326?s=20>.

La noción de propiedad sobre los hijos es aberrante como lo es la esclavitud, y la paternidad y maternidad desplazando los intereses y derechos del menor de edad está en el origen de la formación psicológica de todos los tiranos, si de libertad hablamos. Debería importar a todos los adultos lo que pasa con personas que no pueden tomar todo tipo de decisiones por sí mismas del mismo modo en que interesan los actos delictivos contra terceros porque ponen en peligro la seguridad de todos.

La compraventa de órganos no es una propuesta política, sino una mera especulación acerca de cómo tal cosa se solucionaría en ausencia del Estado. Milei la repetía como un loro, sin decir otra cosa para defenderlo que «depende» y que no hay suficientes órganos disponibles para la cantidad de gente que los necesita. Claro que eso es así, porque unas vidas no son sacrificables por otras.

Un mercado de órganos en un país en estado de cuasi pauperización y con una moneda hecha trizas, implica que la gente desesperada se convertirá en suministradora de órganos, en su completa ignorancia de la existencia de un mercado mundial.

Tampoco le rechinó a nadie que Milei pudiera ser tan extremo en cuestiones así y después tan restrictivo en materia de aborto o drogas. La razón es que todos participan de la sobreactuación, desde Milei hasta sus militantes, los nacionalistas católicos y los liberales católicos. El ojo público, entonces, tiene que estar puesto todo el tiempo en su excesivo liberalismo, y no en cualquier indicación de un programa moral, nacionalista y con poco apego a las instituciones.

Ése es el lado negado, y sus críticos y contendientes

adoptaron la posición más cómoda para Milei, es decir, tratarlo como ese liberal extremista. La estrategia surtió efecto, porque sus críticos le aplicaron viejos apelativos, como «neoliberal» o «extremista liberal». Se quedaron con la crítica a sus definiciones económicas, que es la mejor parte que tiene para mostrar y que se ve reforzada por el desastre que le dejan sus antecesores. Lo que parecían propuestas extravagantes le sirvieron para ese fin, y, como nadie le creyó, ni él mismo se creyó, y no le causo un daño electoral.

11

Amigos y enemigos

Diana Mondino es economista y directora de relaciones institucionales de la Universidad del CEMA. Entró en el mundo de Milei meses antes de las elecciones, cuando apareció liderando la lista de diputados por la Ciudad de Buenos Aires de La Libertad Avanza. A ella le ha tocado desmentir algunas de las afirmaciones hechas por Milei y deshacer sus entuertos.

El primero fue su enfrentamiento con el papa Francisco, al que Milei llamó comunista y representante del maligno en la Tierra. Esto ocurrió en la televisión argentina y en una entrevista que le hizo el periodista trumpista y prorruso estadounidense Tucker Carlson. En el cierre de la campaña de la primera vuelta de Milei, el economista Alberto Benegas Lynch había propuesto que, en defensa de su «querido catolicismo», el gobierno de Milei suspendiera sus relaciones con el Vaticano. A muchos les llamó la atención esta salida tan altisonante, pero nadie comentó que se hiciera en defensa de una religión (lo cual es peor) que, además, es la que representa el propio papa y que está definida como subordinada a él. Es decir, era Argentina cumpliendo el rol de castigar una desviación religiosa, a criterio del expositor, del representante genuino de esa religión.

No se avanzó más en esa línea, pero, si bien no el catolicismo en sí, sí es el cristianismo lo que afirman Vladímir Putin, Viktor Orbán y Donald Trump que los inspira para sus tropelías.

Diana Mondino salió a poner paños fríos sobre eso, y Milei terminó disculpándose. Eso era todo, el papa comunista y enviado por el demonio no tenía importancia. Milei tuvo una conversación telefónica con el supuesto representante, y con el mecanismo del perdón se arregló el entuerto de manera instantánea. Si no tiene importancia que alguien, según él, hubiera puesto bombas en jardines de infancia y no fue obstáculo para que un mes después de haber lanzado la acusación le ofreciera a esa persona estar a cargo de la seguridad en su gobierno, menos lo iba a tener la adscripción demoníaca del papa, que terminó llamándolo para felicitarlo por su triunfo, y Milei mostrando beneplácito por eso.

La persona sobre la que lanzó la acusación de poner bombas fue Patricia Bullrich, una política de las de más carrera de Argentina, que dio sus primeros pasos en la Juventud Peronista y era cercana a la organización terrorista Montoneros. Con el regreso de la democracia en 1983, Bullrich era ya una persona mucho más moderada, y, cuando ya representaba un pensamiento de centro, ocupó el Ministerio de Trabajo durante el fallido gobierno de Fernando de la Rúa, que terminó con la crisis del Corralito en 2001, viéndose él forzado a renunciar.

Después de esa experiencia, Bullrich formó su propio partido político, llamado Unión por Todos, y empezó a relacionarse con grupos liberales. Incluso tenía el apoyo de la Fundación Naumann, una organización alemana con financiación pública para promover a políticos que defiendan las ideas de la libertad y la iniciativa privada en la política.

Ése fue el paso de Bullrich al centroderecha, unos veinte años atrás. Después fusionaría su partido con el de Macri y pasaría a ocupar por primera vez el Ministerio de Seguridad.

Bullrich fue de las primeras dentro de Juntos por el Cambio —la coalición que tenía a Macri como su referente principal— en acercarse a un Milei hostil hacia esa agrupación. Comenzaron a propiciarse mutuamente elogios mientras Milei atacaba salvajemente a Horacio Rodríguez Larreta, que competía con ella por la candidatura a la presidencia de la agrupación. Bullrich contribuía así a legitimar a un candidato *outsider*, agresivo y antisistema para pelear en sus pugnas internas, sin sospechar que alguien de esas características fuera un competidor para ella. Su problema era sólo superar a Rodríguez Larreta, y Milei no sólo era útil para eso, sino que la simpatía que despertaba en los jóvenes podía luego cosecharla en la campaña definitiva o en una segunda vuelta. En aquel entonces, la presidencia de Milei no era más que un sueño poco razonable de algunos que ya eran sus fanáticos.

Cuando llegó el momento de la verdad y Bullrich entra en la carrera a la presidencia compitiendo con él es cuando Milei le lanza todo tipo de diatribas, entre otras, que ella en su juventud había sido terrorista y había puesto explosivos en jardines de infancia, algo que luego corrigió para hablar de una bomba en un parque público por cuya explosión un menor de edad había resultado herido.

A la persona a quien estaba manchando de esa manera semanas antes la elogiaba como una «halcona» de Juntos por el Cambio, al igual que hizo con Mauricio Macri. Según Milei, el expresidente era un «duro», como Bullrich. «Duro» significaba ya estar moldeado por la nueva derecha, pero no tenía un contenido concreto. No podemos saber en qué eran duros y halcones Macri y Bullrich, porque nunca lo aclaró y tampoco se lo preguntaron, sumado a que su gobierno fue moderado y gradualista por convicción. Al menos por las convicciones de entonces.

Lo único que podemos afirmar que esto quería decir en concreto era que no eran «palomas», como Horacio Rodríguez Larreta o María Eugenia Vidal, exgobernadora macrista de la provincia de Buenos Aires. El ahora presidente argentino parecía incluso responsabilizar a Larreta, que jamás tuvo una función en el gobierno nacional, sino que quedó a cargo del de la Ciudad de Buenos Aires, del fracaso de Macri. Al final, el expresidente habrá sido algo así como un halcón dominado por palomas.

Como digo, nunca se aclaró, ni nadie le preguntó, en qué términos concretos imaginaba esta división, pero, en todo caso, desde lo simbólico funcionó muy bien en su propaganda. Consiguió que a todos les pareciera natural la asociación entre unos duros y el otro duro entre los duros de algo.

Cuando su amiga quedó en frente de él, comenzó a llamarla «la señora Bullrich», algo que no dejó de hacer cuando concluida la primera vuelta y quedando ella fuera de la segunda vuelta que se celebraría con el peronista Sergio Massa, se abrazaron de nuevo, de manera emocionada como si no hubiera pasado nada.

Bullrich, a su vez, y como es lógico, también criticó a Milei en su campaña. Lo llamó peligroso y les pidió a las madres que no votasen por alguien que quería instrumentar la venta de niños. Pero, en fin, los políticos son más cristianos que el promedio de la población y se perdonan con una facilidad asombrosa en cuanto conviene. Es así que, inmediatamente después de la primera vuelta electoral, ella anunció el apoyo a Milei, por oposición a Sergio Massa.

Se podría entender esto, así como el agradecimiento de Milei, desde la perspectiva de lo que significa una segunda vuelta. Quedan dos opciones, pasta o pollo, y la elección no significa una adhesión al candidato elegido, sino responder a una alternativa ineludible.

Sin embargo, no es que Bullrich se tapara la nariz para emitir su voto por Milei, ni que Milei lo aceptara estoicamente expresando un agradecimiento formal. La que ponía bombas y el peligroso se abrazaron de nuevo como los mejores amigos. Milei puso en Twitter un meme que era el de un león, que es como se representaba él en su propaganda, abrazando a un pato, que es el apelativo de Patricia Bullrich. Luego, Bullrich sería designada incluso para el cargo de ministra de Seguridad por Milei, y eso que antes era alguien que el actual presidente había dicho que mataba niños. Con un ruego de disculpas, todo eso se borró; es como el perdón de los pecados. Por eso digo que el cristianismo de los políticos argentinos es asombroso.

Y tan cristianos como ellos resultaron los seguidores de ambos, que no es que «se comieron un sapo», como se dice en la jerga argentina a lo que hay que aguantarse en la política, sino que pasaron del odio al amor más rápido que en una telenovela.

El otro protagonista de semejantes conversiones fue el propio Mauricio Macri. Con él, Milei no tuvo cambios de humor menos extremos, disfrazados de disputa de ideas. Macri pasó de ser «un socialdemócrata, alguien de izquierda, vendría a ser como el Partido Demócrata en Estados Unidos, pero versión estúpida», como le dijo al periodista Edi Zunino en un reportaje en noviembre de 2018, o un «fascista», como dijo en el mismo reportaje, a ser alguien a quien se podía aproximar porque era un liberal al que no lo habían dejado llevar adelante su programa. Ya había dicho lo de «fascista» seis meses antes de la conversación con Zunino, cuando participaba en una marcha organizada por la Confederación General del Trabajo (CGT) contra el ministro de Economía de Macri, Luis Caputo, que ha designado ahora su propio responsable de la cartera económica.

Al mismo Caputo que ahora convocó para manejar la economía, el tema más sensible que le toca arreglar, lo había responsabilizado de haberse «"fumado" más de 15.000 millones de dólares» de reservas del Banco Central de la República Argentina cuando estuvo a cargo de la entidad.

Volviendo a Macri, el expresidente se ha definido a veces como de izquierda, y su gobierno fue el primero en declarar la guerra a los que llamaba «liberalotes» por criticar su refinanciación del despilfarro al que llamaba «gradualismo».

Durante el kirchnerismo duro, el de Néstor Kirchner y Cristina Fernández de Kirchner (2003-2015), Macri ponía una y otra vez la mejilla para que los Kirchner lo golpearan, y ofrecía una oposición tibia que era superada por el humor de la gente que salía a las calles a golpear cacerolas sin el acompañamiento de ningún político. Transmitía el mensaje de que lo que estaba mal en el kirchnerismo eran las maneras; ahora está encantado con las maneras de Milei. Pero, en el tránsito del fascista al liberal clásico, a Macri le faltaba el eslabón perdido, así que también Milei lo califico como socialdemócrata.[58] En cualquier caso, hay que admitir que, en cuanto a Macri, es difícil determinar cuáles son sus convicciones.

Le pasó esto del cambio de valoración también con Carlos Menem y Domingo Cavallo, a los que ahora Milei describe como el mejor presidente y el mejor ministro de Economía, respectivamente, de la historia. En 2018 decía que el último presidente liberal había sido Marcelo T. de Alvear, que presidió el país entre 1922 y 1930.[59]

Entre las medidas que había tomado ese último gobierno liberal, según palabras del actual presidente, estaban la creación de precios testigo y precios mínimos para la carne, prohibir el abastecimiento de empresas extranjeras de la materia prima argentina y fijación de medidas arancelarias proteccionistas. Además, hizo subsistir al gran elefante blanco y buque insignia del estatismo argentino, Yacimien-

58. «Javier Milei: "El último exponente liberal fue Marcelo T. de Alvear" - Canal Metro - 10/03/18», YouTube, s. f., <https://youtu.be/5B53DHrcRvI?si=Yq8tE6JsJwLM0qBZ>.

59. Ibídem.

tos Petrolíferos Fiscales (YPF), empresa vertical petrolera que se convertiría en un gigante con pies de plomo, la única empresa petrolífera del mundo que generaba pérdidas.

Alvear puso a su mando al general Mosconi (que el nacionalismo recuerda como un héroe), siguiendo esta idea de que el petróleo era un recurso estratégico. El mérito de Alvear no fue su liberalismo, sino poner en orden las finanzas dejadas por Hipólito Yrigoyen. De la convertibilidad de Menem y Cavallo decía que era el intervencionismo de un precio.

La visión de Milei sobre Menem y Cavallo cambia a partir de que el primero lo invitara a su casa un año después de las declaraciones anteriores y lo ungiera como su sucesor, anticipándole que sería presidente.

Ricardo López Murphy, un liberal clásico de verdad, pasó de ser un «querido amigo, como un padre» a ser tratado de «traidor y delincuente».[60]

Por la misma época, también convirtió en su referente de cabecera al economista Alberto Benegas Lynch (padre de Bertie Benegas Lynch), que fue cuando empezó a citar la frase sobre el liberalismo y el respeto una y otra vez.

Estas actitudes son importantes mucho más allá de la personalidad de Milei. Los cambios de amores también son cambios de definiciones ideológicas en él. Esto sirve como dato para ver cuán auxiliar es de sus emociones su forma de ver el mundo y a la gente.

Esa versatilidad es un signo de la época, así como la

60. «La dura respuesta de Ricardo López Murphy tras ser tildado de "traidor" por Javier Milei» [vídeo], YouTube, s. f., <https://www.youtube.com/watch?v=fhF7FxQ-EX4>.

aceptación que tiene en este tipo de dirigentes que digan cualquier cosa, para luego desdecirse; que tengan ángeles y demonios intercambiables de un día para el otro. Si hablamos de ideas e ideologías, tenemos que tener en cuenta cuáles son las afirmaciones rotundas que se derriten como un helado en el desierto tantas veces como sea necesario y cuál es el proyecto permanente.

Hay una explicación que cae de madura en su caso, que es el vínculo con el padre del que él mismo ha hablado tantas veces. El padre, según él, era un hombre violento que lo castigaba duramente y lo anulaba como persona con la anuencia de la madre. Las relaciones cambiantes son como cambios de padres que lo ilusionan y que, luego, lo frustran, considerándose traicionado.

A Milei le atraen las figuras fuertes, en la medida en que lo protejan. Por eso se declara león y halcón. Por eso se adscribe a posiciones cerradas, y seguras, y religiosas, y por eso se rodea de gente del Opus Dei, lefebvristas y, es su caso, de la gente de la organización más conservadora judía, Jabad-Lubavitch. También por eso adopta protectores, que luego abandona por otros. Le canta a la libertad desde las frases, tiene una retórica fuerte, pero sus amores se dirigen a sucesivos padres y figuras y grupos de autoridad. Las etiquetas de liberales, comunistas o asesinos de niños acompañan esa emocionalidad del momento, nada más.

12

Milei poselectoral

Los personajes extremos suelen ser explicados por algunos de sus partidarios que no quisieran ser vistos como extremos por acompañarlos de una manera muy similar. No hay que preocuparse por lo que Milei dice durante la campaña electoral; más allá del individuo desaforado y excéntrico hay un ser racional, especialmente sabio, que sabe cómo jugar el juego de la política y tiene un gran plan, el problema es que no todos lo logran entender.

Recuerdo especialmente ver cómo se esperaba ese cambio a los que, durante la campaña electoral de 2016, habían ido sucumbiendo a los encantos de Donald Trump, que, en su caso, además, venía de ser un villano de *reality show* en el programa concurso de la NBC «The Aprentice».

Es que el personaje de Trump, como su discípulo Milei, no podía ser real; tenía que dejar ver su mejor lado, al cual nosotros no podíamos acceder como estos optimistas (por describirlos de alguna manera) y que conoceríamos una vez que accediera al poder.

De Trump también esperaban que, desde su discurso inaugural, mostrara el juego real, pero el juego de la campaña también sería el real. El Donald Trump extremo, maniqueo y de división nunca se detuvo, en realidad se «espiralizaría», y su dialéctica inauguraría una ideología propagada por las redes al resto del mundo.

Entonces, los mismos que invitaban a esperar a la aparición del «Trump bueno», pasaron directamente a adherirse al «Trump malo» y a hablar como él, siempre amargados, sarcásticos y violentos.

En todos los políticos hay una distancia entre lo que prometen y lo que hacen, pero esta esperanza de apoyar a alguien del que se espera que no haga lo que dice, mostrando que la adhesión es a la persona, es un autoengaño de los que quieren estar ahí y no pueden expresar por qué.

En el momento de terminar este texto, Milei acaba de asumir la presidencia y se abren grandes incógnitas. Como suele ocurrir con cualquier gobierno que empieza, las expectativas son favorables. Los que esperan a un Milei moderado que arregle los problemas económicos y no se meta mucho en otros temas se han dado prisa en buscar señales que confirmen sus deseos, como que no grite o se enoje en una entrevista, ya durante la transición. Eso es lo que hace que el clima de una inauguración presidencial parezca poco real, como algo que se suele comparar a una luna de miel.

Las ideas superan las lunas de miel, y lo que une a los contrayentes se ve con más tiempo. En el caso de la política, lo que es un gobierno se ve a los pocos meses de arrancar. Este libro pone el foco en aquello con lo que Milei llegó al poder, su caja de herramientas, la que el público conoció y la parte que, de alguna manera, le fue ocultada.

No vale la pena realizar presagios, siempre se quiere lo mejor, el problema es que el deseo no alcanza. En este trabajo, lo que quise hacer es presentar el panorama ideológico completo del nuevo presidente argentino. Las ideas tienen influencia inevitable en lo que pasa, y, en este caso, hay todo un lado crucial del que no se habla y del que los medios internacionales que pretenden informarse por los medios locales no están enterados.

Algunas de las cosas que han ocurrido en la transición nos dan indicios importantes de lo que puede ser en el ruedo un Javier Milei que despierta tanta atención mundial y del que se espera todo. En especial lo esperan aquellos que tienen esperanzas enormes en él, además del público: los que se declaran partidarios de ideas de la libertad y los que se declaran partidarios de poner fin al secularismo y construir un Estado confesional y con una policía moral.

Entre sus votantes hay un tercer grupo, que serían los que piensan que la única amenaza seria es la economía y consideran que cualquier otra cosa que traiga esta nueva corriente política debe ser minimizada. Se sintieron tranquilos cuando, en su mensaje inicial como presidente, Milei sólo habló de la economía y la seguridad.

La primera gran sorpresa que se presenta es la macrización del gobierno antes de iniciado el gobierno mismo de Javier Milei, a través de una alianza muy fuerte construida en 24 horas con el expresidente Macri y la exenemiga electoral del presidente Patricia Bullrich, con la que Milei terminó abrazado en público en medio de toda una aparente sinceridad y como si no hubiera pasado nada, como si fueran dos amigos que no se ven desde hace mucho tiempo.

Esa macrización se inició en el comienzo mismo de la transición, pero la política argentina parece tan vertiginosa como cuando entró en el caos de 2001, así que, a un par de semanas de aquel giro, pudiera estar llegando a su fin, porque Macri se siente desplazado del centro de poder por sus propios subordinados, que se estarían independizando. Mientras el desembarco de su gente en el gobierno hacía pensar que había alguna forma de poder compartido, Macri dijo que no tenía nada que ver con las designaciones de Bullrich y Caputo, que habrían aceptado sus cargos sin consultarlo.

Sin embargo, en la sala de espera de la presidencia, Milei confundió a todos cuando quedó claro que el apoyo que había recibido para la segunda vuelta de parte del binomio Macri-Bullrich (que distanció a estos dos de sus aliados de Juntos por el Cambio) no era tan incondicional. De inmediato se empezó a hablar de cómo se repartirían ministerios y de las propuestas que Macri tenía al respecto, como si Milei fuera lo que Macri había expresado en el título de su libro, su segundo tiempo.

Cuando la señora Bullrich, que supuestamente ponía bombas en jardines de infancia, quedó a cargo del Ministerio de Seguridad, y Caputo, el que se había «"fumado" más de 15.000 millones de dólares» y se sindicaba como el responsable del derrumbe electoral de Macri en 2019 como responsable de la economía, todo había cambiado. Parecía un gobierno bicéfalo, y hasta se podía sospechar algún temor de Milei, algún vértigo ante la idea de manejar el poder en serio que fuera aprovechado por el expresidente.

Después vino el desmentido, pero, sinceramente, no sé ya qué podemos creer de esta comedia tan acelerada. El expresidente argentino, afirmaban algunos medios, no quería a Bullrich en ese lugar, sino manteniendo la presidencia del PRO, el partido macrista. Pero Bullrich no le habría obedecido para unirse, tal vez para siempre, a las «fuerzas del cielo» y detrás del presidente, según ella, peligroso. También podríamos encontrar otra lógica en estos movimientos, y es que, al dejar vacante la presidencia del partido Propuesta Republicana (PRO), si Macri no se diferenciaba y tomaba distancia, podría hacerle perder a él también el control de la fuerza, con lo que quedaba mejor declararlos rebeldes. O Macri era un miembro más de La Libertad Avanza o seguía siendo el principal referente del PRO. Todo puede esperarse de la política argentina, sobre todo de los que en sucesivas etapas se declararon representantes de una nueva política.

Los cambios de valoración de un extremo al otro de Bullrich y Milei son tratados de patriotismo. Se valora de Bullrich su sacrificio; eso es lo que repite la militancia y afirman los dirigentes. A lo que no pueden dar vuelta es a que hay una renuncia al valor de las palabras de ambos lados.

Lo que más nos importa a partir de lo que intentamos dilucidar aquí es que todo lo que se define en ideas de boca para fuera, y hasta lo que se dice de las personas, es completamente independiente del proyecto de poder real; y la cuestión es que no interesa lo que se dice o declara, porque su efecto dura menos que un analgésico. Cualquiera puede ser amigo y enemigo en 24 horas.

Hasta cualquier juicio económico, que para muchos es el único asunto del que se debe hablar por ahora, es intercambiable. Y eso lo muestra la evolución de la propaganda que lleva de un Milei neoclásico a otro liberal, a un tercero anarcocapitalista, a un cuarto anarcocapitalista de largo plazo, etcétera. Pero, al final del cuento, él es un neoclásico, volviendo al origen, en cuanto a la designación de su equipo y a la rápida resignación de algo que le hizo defender a sus seguidores y a varios comedidos como la quintaesencia de su programa, que era la dolarización y el cierre del Banco Central de la República Argentina, en el que ese equipo al menos no está pensando por el momento.

Un plan de dolarización, como le advirtieron muchos, requeriría de dólares para rescatar los pesos en circulación. Y no de dólares prestados, lo cual endeudaría a los argentinos, como parecía querer pensar Milei, que hablaba de un financiamiento especial con el que contaría para realizarlo. Se trataría de darle valor a los activos monetarios de los argentinos, y no de defraudarlos.

Esto no quiere decir que no se pueda esperar que la economía argentina se recupere por esa vía. Al contrario de lo que un pensamiento excesivamente técnico haga creer, Argentina tiene un arreglo fácil, porque es casi de manual, aunque requiera pagar algunos costos a corto plazo. Eso es algo que casi cualquier equipo económico que no esté apegado al kirchnerismo puede entender y resolver. Las grandes reformas estructurales se hicieron en la década de 1990, que era desarmar al Estado de su pesada coraza de empresas; de ellas, hoy sólo quedan algunas rémoras, siendo la más notoria la de YPF, que Milei anunció que no sería privatizada hasta hacerla eficiente.

Por suerte, Menem no cometió ese error, si no, las privatizaciones no hubieran ocurrido. Algo que debió aprender de su mentor el doctor en economía Alberto Benegas Lynch es que la ineficiencia se encuentra en la asignación de recursos públicos a la existencia de la empresa pública en sí, y no en sus resultados de balance o en la pericia de su gerencia. El Estado, siguiendo esta teoría de lo más liberal, a la que Milei dice adscribirse, no debe privatizar pensando en vender mejor, es decir, en recaudar más recursos para el propio Estado, que vendrían necesariamente del sector privado, sino en restablecer un orden jurídico en el que el sector privado produce (para sí mismo) y el Estado hace justicia. No hay tal cosa como una empresa estatal eficiente.

En el liberalismo clásico, la eficiencia se encuentra ineludiblemente unida a la naturaleza del Estado, no a una producción pensada políticamente. Pero tampoco eso definirá el destino económico del gobierno de Milei, porque el problema es tan grueso que no tiene que haber problemas entre escuelas económicas a la hora de resolverlo. Casi todos los países han salido de la adicción inflacionaria entendiendo algo que Argentina se niega a aceptar, que es que el presupuesto público no es un barril sin fondos y que no se debe financiar mediante emisión monetaria. Argentina, más que tener un problema económico en sí, lo tiene con el peso del sector público.

Cuando hablo de arreglo simple no me refiero al respaldo político que se necesita, sino en cuanto a determinar cuál es la cuestión y las medidas para encararla. Es en ese sentido tan simple que no requiere invocaciones a la escuela austríaca de economía. Llevar a ese terreno el debate apenas ha cumplido el papel de jugar esa sobreactuación que estuve describiendo.

Uno de los vídeos que más se viralizaron sobre el presidente Milei fue uno en el que quitaba ministerios de una pizarra diciendo «afuera», a medida que arrancaba las etiquetas en las que estaban escritos sus nombres. Esa imagen definía su «plan motosierra» sobre el gasto público. Sin embargo, no revela una idea muy consistente al respecto, máxime cuando en general convertía a los mismos ministerios en secretarías, haciendo de ese *show* un gran ejercicio de gatopardismo.

El gasto público no está en la cantidad de ministerios, ni en que sean ministerios en lugar de secretarías, lo cual sólo reduciría el nivel de algunos sueldos de gerencia estatal. Al mismo tiempo, Milei sigue prometiendo que no habrá despidos masivos de empleados y que sólo echará a los «acomodados» políticos, que tampoco son, por su número, los que cambiarán la historia del despilfarro argentino.

La estructura de la administración es un problema, pero no el mayor, y no por los sueldos de los políticos ni porque los puestos se llamen ministerios en lugar de secretarías. Ojalá fuera ése el problema, o el gasto en chóferes y en café, asunto que atrae tanto la atención de personas distraídas.

A 48 horas de iniciado su gobierno, mientras estoy cerrando este trabajo, el vocero presidencial Miguel Adorni hizo un repaso de la reorganización estatal. Según sus cálculos se dispuso una reducción de algo que le costó definir porque no es del Estado, ni del empleo estatal, ni de la estructura estatal, pero sí de los títulos de ministros, secretarios y subsecretarios, lo que llamó cargos políticos. Señaló que tal reducción era del 34 por ciento de «diferentes [...] niveles de [...] funcionarios». Después pidió tiempo para definir cuánto se recortarían las direcciones generales y los departamentos inferiores. La razón de la duda del funcionario es lógica: no puede afirmar que eso sea siquiera una reducción de la plantilla del Estado, y muchísimo menos del gasto. Ninguno de los periodistas presentes le preguntó al respecto.

El grueso del gasto se encuentra en la provisión se servicios públicos, en subsidios y en la seguridad social, más el gasto de las provincias, cúmulo que también generó deuda cuyo pago se agrega al agujero fiscal. A su vez, el grueso de la planta estatal se encuentra en la base, no en cómo se organiza la pirámide hacia arriba. El anuncio se trata de un golpe de efecto. Tal vez necesite su gobierno recurrir a este tipo de malabarismos comunicacionales, pero lo importante será si se puede pasar de eso a la acción.

Milei no le presentó esta verdad al público de entrada, sino que les habló de la quimera de que el ajuste sería pagado por el adelgazamiento de la estructura política, que está representado por esa escenificación de la eliminación de cargos jerárquicos. Cuando le dijo a la gente en la campaña que el costo lo pagaría la casta, no le dijo la verdad. Cuando él afirma que es el primer presidente que llega al poder anunciando un ajuste, se refería a esta simulación. No habló de lo poco importantes que son los títulos, sino del presupuesto nacional; eso es algo que le tocará a un ministro que no está formado en la escuela austríaca de economía ni es un *Chicago boy*. De hecho, no hay funcionarios designados de ese origen en el gobierno.

Alguien sufrirá los costos iniciales de que se corte un sistema perverso de incentivos, pero nadie le dijo esa verdad a la gente que votó, a la que se le hizo creer que sólo sufrirían los políticos en tanto «casta», que por eso tenían miedo. Esto también era confuso, porque ni siquiera hablaba del sector público. La gente, si nos atenemos a la campaña, no tenía nada que temer. Sólo se sentaría a presenciar el sufrimiento de la casta comiendo palomitas de maíz.

El discurso, por supuesto, cambió no bien asumió sus funciones el nuevo presidente. En las escalinatas del Congreso, Milei dejó claro que el ajuste lo pagaría el Estado, no una casta. Habló de dos años duros y de una inflación que podría llegar al 15.000 por ciento, unida a una recesión. Dijo: «No hay alternativa posible al ajuste, no hay plata. [...] Sabemos que en el corto plazo la situación empeorará, pero pronto veremos los frutos».

En la plaza se encontraban sus partidarios, que aplaudían este sinceramiento, pero queda por ver cómo reaccionará el público general cuando efectivamente tenga que pagar unos costos que se le dijo que no pagaría. Éste es un dilema con el que se encuentra cualquier político reformador, manejar el humor público y recurrir a estratagemas a la hora de comunicar la realidad; pero aquí lo que nos interesa es conocer las ideas y los programas reales, y no la propaganda.

Al ahorrarse explicar la parte difícil en la campaña, también se evitó explicar la salida a ese dilema, que es la política de *shock* que genere los incentivos virtuosos lo más rápido posible, mientras se atiende la emergencia de la gente que tendrá que cambiar de rumbo, con ayuda externa si es necesario. Es decir, lo que Macri no quiso hacer durante su gobierno y que hacía que Milei lo llamara kirchnerista de buenos modales, y que le llevó a ver a Caputo como responsable de la elección de ese rumbo. Endeudarse para resolver un problema es inversión, pero endeudarse para continuar con el problema, que eso fueron los años de Macri, es criminal.

Caputo es, según la descripción actual del presidente Milei, alguien que es un gran experto en temas financieros (es decir, en pedir dinero). No será Caputo el que se equivoque, sino Milei, si pide dinero para suavizar la reforma estatal en lugar de para asistir a los que sufran las consecuencias a corto plazo de algo hecho a toda velocidad. Eso ya lo hizo Macri y le fue muy mal y Milei lo sabe.

Otro indicio que genera cierta preocupación es que, en una de las entrevistas que le hicieron tras ser elegido, le preguntaron por cómo se recortarían los gastos dentro de la administración, eso que él afrontó anunciando histriónicamente el cierre de ministerios. Milei respondió que cada ministerio tendría que ocuparse de bajar el gasto hasta que alcance la recaudación, sin necesidad de emitir, y que él los controlaría. Eso indica que no hay un plan en la cúspide del poder, sino que se espera que a los ministros se les ocurra cómo hacer semejante cosa. Refuerzan esta inquietud las palabras de su vocero presidencial acerca de lo rápido que pudieron quitar títulos de ministros y secretarios y que pospusieran las decisiones acerca de la base de la estructura de la administración, donde se gasta el grueso del presupuesto.

Todo esto es una gran incógnita en el aspecto aparentemente más consistente de la oferta del político Milei. El otro gran interrogante es su «amante» ideológica, que es el papel del nacionalismo e integrismo religioso del tipo de la nueva derecha en el mundo. Queda por ver si esa amante evolucionará en el sentido de pasar de ser una Camila (la visita furtiva, digamos) a convertirse en la reina de su trono.

Hay indicios diversos en este sentido. Por un lado, se filtran a la prensa rumores de conflictos con Victoria Villarruel por las promesas incumplidas del presidente en cuanto a otorgarle a ella el manejo de la seguridad y la defensa desde el momento en el que en la primera de las áreas situó a Bullrich, y en la segunda, a Luis Petri, que de cualquier manera comparten la retórica de la mano dura de la vicepresidenta. Petri es un admirador declarado de las políticas de Nayib Bukele en El Salvador, para quién la ley es un estorbo que se puede saltar, eso que el pinochetismo ideológico llamaría «coraje».

Sin embargo, lo más importante de la agenda de la «amante» neoderechista, por llamarla de alguna forma, no viene sólo del sector de Villarruel, es algo compartido por todas las variantes internas de esta nueva facción. Desde los liberales católicos a los sujetos como el padre Ravasi, que sólo habla con Villarruel, los Laje, los Márquez y sus entusiastas en las redes sociales; todos quieren a la Camila de Dios-Patria-Familia como reina, y no sólo como consorte.

Al revés de lo que sostenían los que escondían a la «amante», su programa económico no es que justifique emprender y mantener una cruzada moral; es que la cruzada moral es lo que quieren todos los que lo rodean, pero Milei es tan impredecible que éstos corren el riesgo de que él pare en seco ese programa.

Desafortunadamente, el otro indicio que ya se vislumbra es que Villarruel no tendrá que pelear nada en tal sentido, porque el asunto tiene su propia área, que es la que manejará su ministra de Capital Humano, Sandra Pettovello, que incluye educación como secretaría y la asistencia social, una cartera que será la única que tendrá la billetera abierta, según el presidente. Esa área no fue delegada a Villarruel, sino que la supervisará el presidente por sí mismo.

Pettovello es otra de las personas conocidas no hace mucho tiempo por Milei que han ganado gran influencia a su lado. Es licenciada en una materia llamada «Ciencias de la Familia», por la Universidad Austral, del Opus Dei. Patria parecería quedar en manos de Villarruel, y Dios y Familia, en las de Pettovello.

El presidente hizo la señal de hacer su primer viaje como electo a rendir culto a lo más conservador del judaísmo en Nueva York, la variante más cercana a Benjamín Netanyahu y a los evangelistas trumpistas, siguiendo la invocación mística de su liberalismo.

En la secretaría de educación designó a alguien que sostiene que el auténtico liberalismo es el catolicismo y que la libertad de educación consiste en hacer una educación según las creencias de la mayor parte de la población, es decir, del propio catolicismo. De la misma manera, considera que el liberalismo no es liberal por ser laico o secular, lo que en su concepción significa un atentado a la libertad de ser gobernados por la Iglesia. Ese liberalismo secular, sostiene, es en realidad estatista, en tanto que el Estado defiende cosas que se independizan de la voluntad de Dios, como las libertades individuales. El liberalismo sería entonces un plan para que la gente dependa del Estado, en lugar de depender de Dios, que aparentemente son las dos únicas alternativas.

Esto es lo que trae Milei como política de enseñanza, después de eliminar el Ministerio de Educación porque se dedicaba al adoctrinamiento.[61] De acuerdo con su anunciado flamante secretario de educación Carlos Torrendell, parecería que darle el control de la educación al catolicismo no es adoctrinamiento porque es dejar a la población ver la luz.

Su nombramiento fue festejado por los llamados liberales católicos con mayor entusiasmo del que habían mostrado cuando el candidato anunciado para el puesto era el economista de la línea austríaca Martín Krause, que en su momento fue la única promesa de presencia liberal dentro del gabinete del llamado primer gobierno libertario de la historia. Por eso parece un error pensar que dentro de las filas mileístas hay una división entre liberales y conservadores. Este pensamiento es el pegamento que los une; en todo caso habrá diferencia en alguna que otra medida.

Torrendel, igual que Villarruel y Milei, son enemigos declarados de la educación sexual integral (ESI), que se

61. Torrendell, Carlos Horacio, «Libertad de enseñanza y secularización: indicios e interpretaciones sobre autores católicos del siglo XIX en Argentina y Chile», XIV Jornadas Argentinas de Historia de la Educación, Facultad de Humanidades y Ciencias de la Educación (Universidad de La Plata), 9-11 de agosto de 2006, <https://www.memoria.fahce.unlp.edu.ar/trab_eventos/ev.13269/ev.13269.pdf>.

imparte por ley nacional. Se oponen como se opone la nueva derecha en todos lados, atribuyéndole la intención de sexualizar a los niños y de convencerlos de ser gais, lesbianas o transgénero. Eso, al igual que los referentes educativos del nacionalismo e integrismo religioso del tipo de la nueva derecha y de Márquez y Laje, forma parte de esa mitología que se ha levantado alrededor de ese aspecto de la educación y sobre el que se difunden vídeos falsos que muestran actividades como espectáculos de *strippers* en las aulas, pero que no ocurren en esas aulas.

El último de esos vídeos que se hizo viral fue uno repartido por una *influencer* de derecha llamada Tatiana Restovich, compañera de actividades en las redes de Laje; ella publicó un vídeo en el que se decía que, en el distrito de José C. Paz de la provincia de Buenos Aires, la película *Cincuenta sombras de Grey* se incluía como material de visionado para niños de ocho años. La denuncia contenía aspectos realmente cómicos, como que los niños habían llegado a la casa descompuestos y que habían sido internados. Se sabe que la película es mala, pero es difícil de entender cómo podría provocar semejante sintomatología en infantes de ocho años que dudosamente la entenderían.

Inmediatamente, la noticia fue reproducida por el canal de noticias online La Nación+, cercano por ahora a Milei, y por cientos de portales más que alimentaban la idea de lo que Laje llamaría el plan de Rockefeller para sexualizar y homosexualizar a los niños.[62] Pero, claro, era totalmente

62. Véase: <https://x.com/SailorSatanArg/status/1730668769649766864?s=20>.

falsa la información, y el desmentido dado por las autoridades no tuvo la misma difusión ni repercusión que la alarma despertada por aquel vídeo viral.[63]

Debe notarse el paralelismo entre esta necesidad de alimentar el fantasma de una sexualización por un programa oficial de enseñanza realizado por gente experta y el silencio absoluto que hay por la multiplicación de la información sobre abusos sexuales, en concreto en establecimientos educativos, muchos de ellos religiosos, y en las familias, sagradas para esta parcialidad.

La ESI es todo lo contrario de lo que quieren hacer creer a la gente, que es que se trata de una organización con una actividad corruptora de menores, y a la luz del día. Lo que persigue en realidad el programa de la ESI es sacar del sótano la verdadera corrupción de menores que ocurre en las familias, en las iglesias, en los colegios religiosos..., que, según el nuevo secretario de educación, imparten la única educación libre posible, que es la católica, de la cual sabemos el historial de abusos sexuales sobre chicos y chicas.

La ESI suministra información para prevenir el embarazo irresponsable y precoz y para que los menores de edad posean las armas para no ser de verdad sexualizados por quienes lo hacen mediante abuso por ser mayores.

La oposición en bloque de la derecha religiosa se ha

63. Lazaro, Andrea, «ESI: Provincia desmintió que hayan exhibido escenas de sexo en una escuela de José C. Paz», *Código Baires*, 30 de noviembre de 2023, <https://www.codigobaires.com.ar/2023-11-30/esi-sileoni-desmintio-que-hayan-exhibido-escenas-de-sexo-en-una-escuela-de-jose-c.-paz-232688/>.

opuesto a la educación sexual que tiene este fin, creando y difundiendo mentiras, y ello muestra hasta qué punto los menores están en peligro en sus manos y en qué medida la educación sexual integral es necesaria, como lo es el policía de la esquina para impedir el asalto callejero.

La educación sexual no puede dejarse en manos exclusivas ni de los padres ni de los colegios, porque es en el ámbito familiar y en el educativo donde ocurren el grueso de los abusos. La renuncia del Estado a administrarla es la renuncia a la única política de protección de la integridad física y emocional de los menores, de la defensa de sus derechos cuando están en conflicto por las formas de poder a las que están sometidos, que son la familia y la escuela. Al menos esto es lo que debe discutirse, y no la conspiración ridícula que se difunde desde esa parcialidad.

El éxito de este programa es contundente, el 80 por ciento de los casos de las denuncias que hicieron los menores por ser víctimas de abusos, y comprobadas en cámara de Gesell, surgieron después de una clase de educación sexual integral (ESI).[64]

El otro aspecto que para los religiosos resulta más polémico de la ESI es que promueve el valor cristiano de amar al prójimo y no juzgarlo, paradójicamente, y que, además, tiene que ver con reconocer derechos de esos menores a su integridad emocional. En efecto, la ESI difunde no sólo el

64. Iglesias, Mariana, «El 80 % de los niños, niñas y adolescentes que denunciaron abusos fue después de tener una clase de ESI en la escuela», *Clarín*, 9 de enero de 2020 (act. 3 de septiembre de 2021), <https://www.clarin.com/sociedad/80-ninos-ninas-adolescentes-denunciaron-abusos-despues-tener-clase-esi-escuela_0_YZopzkpI.html>.

aspecto biológico de la reproducción, que es lo único que Villarruel quiere preservar, sino que también habla de la diversidad y la inclusión, algo que los libera de un tipo de crimen muy particular que los afecta que es el *bullying*. Digamos que, si el liberalismo fuera un mero hijo del cristianismo, ésta sería su herencia genética, y no la discriminación y segregación.

Los sectores de lo que Torrendell ubica como los verdaderos liberales —que no son los liberales, sino los católicos— quieren que el Estado no se meta en el asunto de querer impedir el *bullying*, porque tal cosa forma parte de la política familiar y religiosa del género, construida por medio del maltrato, la regulación de jerarquías y los tabúes. Al Estado, en cambio, sólo deberían preocuparle los derechos de los menores.

Es sorprendente que ni en las listas de diputados y senadores de Milei ni en el gabinete queden liberales, siendo el primer presiente de ese signo en la historia, según él. No puedo poner en ese lugar a Bertie Benegas Lynch porque equivale ideológicamente a Márquez, que lo llama su gran amigo, y se identifica con el movimiento de Trump. Este diputado llama a los dos autores mencionados campeones de las ideas de la libertad. ¿Por qué un presidente liberal sólo se ve rodeado de gente de la derecha antiliberal?

La educación del ciudadano, como la concebían Thomas Jefferson o Domingo Faustino Sarmiento, tenía que ver con hacerle conocer la filosofía de la defensa de los derechos individuales. La integridad física, psíquica y la autoestima de los menores, así como la tolerancia a las diferencias, forma parte sin duda de los objetivos de ese programa.

No he encontrado sentido alguno en el que Milei pudiera ser entendido como un liberal extremo, pero he hallado muchos sentidos en los que cabe dudar de su liberalismo personal y solitario dentro de su facción. El suyo parece un liberalismo extremo en su moderación, por ser un liberalismo que se maneja encerrado en los márgenes de la religión más recalcitrante.

Un liberal extremo hablaría de liberar el mercado de las drogas o al menos estaría siguiendo el ritmo del mundo y empezando por la marihuana. Un liberal podría oponerse al aborto, pero no a su despenalización, aunque sea por el solo hecho de que no existe una base firme como la que requiere un pensamiento penal liberal para castigar a la madre. Un liberalismo extremo cuidaría la integridad de los menores y estaría al frente de la defensa de los derechos, la igualdad ante la ley y la dignidad de las minorías contra la corriente que está creciendo en la actualidad en su contra. No podría ser siquiera indiferente. Un liberal extremo no diría que sólo lo es en lo comercial y productivo. Un liberal extremo estaría tan a favor de la libertad migratoria como parte de la libertad contractual, algo que un nacionalista ni podría soportar. Un liberal extremo entendería la universalidad del principio de que «todos los hombres nacen y permanecen libres e iguales en derechos», no hablaría de culturas puras e impuras, ni de invasiones culturales. Un liberal extremo no quiere saber nada de que gobierne la religión o de que el gobierno se confunda con la religión, y ése sería uno de sus principales argumentos de campaña contra la derecha, con la que estaría tan enfrentado como con la izquierda. Un liberalismo extremo derogaría la ley penal tributaria y propiciaría una apertura unilateral total de la economía. Un liberal extremo no estaría colonizado por nacionalistas ni se aliaría con ellos.

Hay otro imponderable que queda por entrar en juego después de todo, que es el viento. El viento es el que lleva a los políticos por donde quiere. A veces es un jugador tan importante que hace que un gobierno que parecía que tomaba un rumbo claro para un lado termine dando un golpe de timón y se dirija a otro lado, como le pasó por ejemplo al presidente republicano George W. Bush después del fatídico 11 de septiembre de 2001, o también al presidente demócrata Bill Clinton, quien, al cuidarle los gastos un Congreso republicano, se convirtió en un administrador exitoso.

El viento y la suerte también van a actuar sobre Milei, el viento a favor, el viento cruzado y el viento en contra. El viento es caprichoso, y veremos adónde le lleva.

Bibliografía

Alberdi, Juan Bautista, *Escritos póstumos*, tomo XV, ed. de Juan Francisco Cruz, Imprenta Juan Bautista Alberdi, Argentina, 1900, <http://www.bibliotecadigital.gob.ar/files/original/13/1328/alberdi-juan_escritos-postumos_t15_1900.1.pdf>.

Ámbito (redacción), «Dólar: Javier Milei explicó cómo piensa salir del cepo», *Ámbito*, 20 de noviembre de 2023, <https://www.ambito.com/economia/dolar-javier-milei-explico-como-piensa-salir-del-cepo-n5879999>.

Arbia, Carlos, «Javier Milei: "Sturzenegger fue el mejor presidente del Banco Central de la historia, es un héroe"», *Infobae*, 14 de julio de 2018, <https://www.infobae.com/economia/2018/07/14/javier-milei-sturzenegger-fue-el-mejor-presidente-del-banco-central-de-la-historia-es-un-heroe/>.

Benegas Lynch, Alberto, «Apuntes sobre el concepto de *copyright*», *THEMIS Revista de Derecho*, marzo de 1998, <https://www.researchgate.net/publication/242709430_APUNTES_SOBRE_EL_CONCEPTO_DE_COPYRIGHT>.

—«La contracara del sueño americano», *Infobae*, 1 de agosto de 2015, <https://opinion.infobae.com/alberto-benegas-lynch/2015/08/01/la-contracara-del-sueno-americano/index.html>.

Benegas, José, «Lo impensable: el curioso caso de liberales mutando al fascismo», CreateSpace Independent Publishing Platform, 2018, <https://www.amazon.com/-/es/Jose-Benegas/dp/1986011976>.

Bredderman, William, «The billionaire behind Bannon's fake Chinese embassy», *Daily Beast*, 15 de julio de 2021, <https://www.thedailybeast.com/eduardo-eurnekian-the-billionaire-behind-steve-bannons-fake-chinese-embassy>.

Broder, David S., «Goldwater lashes religious pressure», *The Washington Post*, 16 de septiembre de 1981, <https://www.washingtonpost.com/archive/politics/1981/09/16/goldwater-lashes-religious-pressure/b1caa379-49fa-4e04-82de-dccda6f5e7f9/>.

Cadena Ser (agencias), «El papa Francisco autoriza a homosexuales y transexuales a ser padrinos o madrinas en bodas y bautismos», Cadena Ser, 9 de noviembre de 2023, <https://cadenaser.com/nacional/2023/11/09/el-papa-francisco-autoriza-a-homosexuales-y-transexuales-a-ser-padrinos-o-madrinas-en-bodas-y-bautismos-cadena-ser/>.

Camhaji, Elías, «La historia detrás del plagio de Milei a tres científicos mexicanos», *El País*, 17 de noviembre de 2023, <https://elpais.com/mexico/2023-11-17/la-historia-detras-del-plagio-de-milei-a-tres-cientificos-mexicanos.html>.

Colvin, Jill, «Pence would ban abortions when pregnancies aren't viable. His GOP rivals won't say if they agree», *The Associated Press*, 12 de julio de 2023, <https://apnews.com/article/mike-pence-abortion-views-2024-election-e5b236c27bc9c86f77efedbeedb26520>.

El Cronista (redacción), «Macri: "Los funcionarios que elegí son un equipo de lujo"», *El Cronista*, 3 de diciembre de 2007, <https://www.cronista.com/economia/Macri-Los-funcionarios-que-elegi-son-un-equipo-de-lujo-20071203-0107.html>.

Foro de São Paulo, «XXIII Encuentro del Foro de São Paulo 2017: entre la globalización neoliberal y el proteccionismo imperial», Foro de São Paulo, 5 de julio de 2017, <https://forodesaopaulo.org/documento-base-23-encuentro/>.

Glezer, Luciana, «El plan de Milei para la industria: les da dos años para adaptarse y después la apertura total», *La Política Online*, 3 de noviembre de 2023, <https://www.lapoliticaonline.com/economia/milei-le-da-dos-anos-a-la-industria-para-que-se-convierta/>.

González, Juan Luis, *El loco: la vida desconocida de Javier Milei y su irrupción en la política argentina*, Planeta, Barcelona, 2023.

—«Javier Milei y sus plagios: la investigación de NOTICIAS que dio vuelta al mundo», *Noticias* (*Perfil*), 18 de noviembre de 2023,

<https://noticias.perfil.com/noticias/politica/javier-milei-y-sus-plagios-la-investigacion-de-noticias-que-dio-vuelta-al-mundo.phtml>.

Hoppe, Hans-Hermann, «A realistic libertarianism», Mises Institute, <https://mises.org/library/realistic-libertarianism/html/c/595>.

—«A realistic libertarianism», *Procesos de mercado: revista europea de economía política*, 12, 1 (2015), pp. 203-202.

Iglesias, Fernando A., «La propaganda antipolítica de los liberalotes», *La Nación*, 22 de noviembre de 2017, <https://www.lanacion.com.ar/opinion/la-propaganda-antipolitica-de-los-liberalotes-nid2084410/>.

Iglesias, Mariana, «El 80 % de los niños, niñas y adolescentes que denunciaron abusos fue después de tener una clase de ESI en la escuela», *Clarín*, 9 de enero de 2020 (act. 3 de septiembre de 2021), <https://www.clarin.com/sociedad/80-ninos-ninas-adolescentes-denunciaron-abusos-despues-tener-clase-esi-escuela_0_YZopzkpI.html>.

Infobae (redacción), «El primer ministro húngaro Viktor Orbán asistirá a la asunción de Javier Milei», *Infobae*, 26 de noviembre de 2023, <https://www.infobae.com/politica/2023/11/26/el-primer-ministro-hungaro-viktor-orban-asistira-a-la-asuncion-de-javier-milei/>.

—«Javier Milei: "No hay mayor experto financiero en la Argentina que Luis Caputo"», *Infobae*, 27 de noviembre de 2023, <https://www.infobae.com/economia/2023/11/27/javier-milei-no-hay-mayor-experto-financiero-en-la-argentina-que-luis-caputo/>.

InfoRegión (redacción), «Javier Milei calificó de "fracasados" a casi 200 economistas que criticaron la dolarización», *InfoRegión*, 11 de septiembre de 2023, <https://www.inforegion.com.ar/2023/09/11/javier-milei-califico-de-fracasados-a-casi-200-economistas-que-criticaron-la-dolarizacion/>.

La Prensa (redacción), «Los insultos de Milei a Larreta: "Zurdo de m..., te puedo aplastar aún en silla de ruedas"», *La Prensa*, 27 de agosto de 2021, <https://www.laprensa.com.ar/Los-insultos-de-Milei-a-Larreta-Zurdo-de-m-te-puedo-aplastar-aun-en-silla-de-ruedas-505936.note.aspx>.

La Voz (redacción), «En el debate, Massa aseguró que Milei cometió plagio: de dónde surgió la acusación», *La Voz*, 13 de noviembre de 2023, <https://www.lavoz.com.ar/politica/en-el-debate

-massa-aseguro-que-milei-cometio-plagio-de-donde-surgio-la-acusacion/>.

Lazaro, Andrea, «ESI: Provincia desmintió que hayan exhibido escenas de sexo en una escuela de José C. Paz», *Código Baires*, 30 de noviembre de 2023, <https://www.codigobaires.com.ar/2023-11-30/esi-sileoni-desmintio-que-hayan-exhibido-escenas-de-sexo-en-una-escuela-de-jose-c.-paz-232688/>.

Leclercq, Giselle, «El catolicismo de Victoria Villarruel: lefebvrismo, militares y la desconfianza del Papa Francisco», *Perfil*, 16 de noviembre de 2023, <https://www.perfil.com/noticias/politica/el-catolicismo-de-victoria-villarruel-lefebvrismo-militares-y-la-desconfianza-del-papa-francisco.phtml>.

Página 12 (redacción), «Javier Milei no negó el plagio y se definió como un "divulgador"», *Página 12*, 24 de agosto de 2021, <https://www.pagina12.com.ar/363444-javier-milei-no-nego-el-plagio-y-se-definio-como-un-divulgad>.

—«La alianza de Luis Barrionuevo con Javier Milei», *Página 12*, 11 de octubre de 2023, <https://www.pagina12.com.ar/597126-la-alianza-de-luis-barrionuevo-con-javier-milei>.

Perfil (redacción), «Javier Milei dijo que no vendería a un hijo pero que "quizás de acá a 200 años se podría debatir"», *Perfil*, 9 de diciembre de 2023, <https://www.perfil.com/noticias/politica/venta-de-ninos-javier-milei-dijo-que-no-venderia-a-un-hijo-y-que-podria-ser-una-discusion-en-200-anos.phtml>.

—«Javier Milei lapidó a Horacio Rodríguez Larreta y habló de su fanatismo por Moisés y de su época en Tinder», *Perfil*, 11 de abril de 2023, <https://www.perfil.com/noticias/politica/milei-hablo-de-su-fanatismo-por-moises-y-de-su-epoca-en-tinder.phtml>.

—«Javier Milei: "Mi alineamiento con Trump y Bolsonaro es casi natural"», *Perfil*, 29 de septiembre de 2021, <https://www.perfil.com/noticias/actualidad/javier-milei-mi-alineamiento-con-trump-y-bolsonaro-es-casi-natural.phtml>.

Peron, James, «Ayn Rand vs. God's Own Party», Medium [web], 18 de mayo de 2018, <https://medium.com/the-radical-center/ayn-rand-vs-gods-own-party-324baf87a94e>.

Rallo, Juan Ramón, «¿Es la dolarización "un disparate"?», *El Confidencial*, 4 de septiembre de 2023, <https://blogs.elconfidencial.com/economia/laissez-faire/2023-09-04/es-dolarizacion-un-disparate_3728288/>.

Ramirez, Nikki McCann, «Marjorie Taylor Greene says States should 'consider seceding from the unión», *Rolling Stone*, 11 de septiembre de 2023, <https://www.rollingstone.com/politics/politics-news/marjorie-taylor-greene-states-consider-seceding-from-the-union-1234822567/>.

Ravier, Adrián, «Reflexiones a la carta de los 200 economistas que se oponen a la dolarización», *Infobae*, 12 de septiembre de 2023, <https://www.infobae.com/opinion/2023/09/12/reflexiones-a-la-carta-de-los-200-economistas-que-se-oponen-a-la-dolarizacion/>.

Rodríguez, Tomás, «Exclusivo: Javier Milei plagió su autobiografía», *Noticias* (*Perfil*), 28 de mayo de 2023, <https://noticias.perfil.com/noticias/politica/exclusivo-javier-milei-plagio-su-autobiografia.phtml>.

Rodríguez, Tomás; y González, Juan Luis, «Insólita respuesta de Javier Milei sobre la tapa de NOTICIAS: "Bueno, o sea, digamos"», *Noticias* (*Perfil*), 16 de mayo de 2022, <https://noticias.perfil.com/noticias/politica/la-insolita-respuesta-de-milei-ante-el-plagio-que-descubrio-noticias-bueno-o-sea-digamos.phtml>.

—«Libertario copión: un nuevo plagio de Javier Milei», *Noticias* (*Perfil*), 24 de enero de 2023, <https://noticias.perfil.com/noticias/politica/libertario-copion-un-nuevo-plagio-de-javier-milei.phtml>.

Torrendell, Carlos Horacio, «Libertad de enseñanza y secularización: indicios e interpretaciones sobre autores católicos del siglo XIX en Argentina y Chile», XIV Jornadas Argentinas de Historia de la Educación, Facultad de Humanidades y Ciencias de la Educación (Universidad de La Plata), 9-11 de agosto de 2006, <https://www.memoria.fahce.unlp.edu.ar/trab_eventos/ev.13269/ev.13269.pdf>.

Vázquez, Adolfo R., *Asalto a la Justicia: la intervención de la política en la Corte Suprema. Crónica de una destitución*, Sudamericana, Argentina, 2016.

Índice onomástico

Abascal, Santiago, 46, 65, 83, 114, 167
Acton, lord (John Emerich Edward Dalberg-Acton), 159,
Adorni, Miguel, 171, 218
Alberdi, Juan Bautista, 39-40, 46, 111,
Alfonsín, Raúl, 142
Allende, Salvador, 33
Alvear, Marcelo T. de, 207-208
Avelluto, Pablo, 21-22

Bannon, Steve, 12, 84-87, 107, 151
Barrionuevo, Luis, 159
Bayly, Jaime, 117
Benedicto XVI (papa), 107
Benegas Lynch, Alberto, 63, 65, 137-138, 148, 150-151, 155, 201, 208, 217
Benegas Lynch, Bertie, 63, 83-84, 137-139, 228
Boebert, Lauren, 88
Boggiano, Miguel, 170-171
Bolsonaro, Jair, 11-12, 16, 34, 43, 46-47, 57, 65, 83, 108, 113-114, 139, 141-142, 167, 193
Borrego, Salvador, 80-81
Brandolino, Chinda, 81
Bucaram, Abdalá, 14, 45
Bukele, Nayib, 170, 222
Bullrich, Patricia, 10-11, 22-24, 47, 50, 53, 150, 159, 165, 167, 190, 202-205, 213-215, 222
Bush, George W., 230
Bussi, Antonio Domingo, 35
Bussi, Ricardo, 35, 51, 166, 185
Butler, Eamonn F., 153
Butler, Judith, 177-178

Cachanosky, Roberto, 8, 151, 170
Canosa, Viviana, 152
Caputo, Luis, 193, 206, 214, 221
Carlson, Tucker, 63, 201
Carrió, Elisa, 21, 159
Castillo, Pedro, 14, 112
Cavallo, Domingo, 191, 207-208
Chafuen, Alejandro, 81, 108, 136-137, 173

Chávez, Hugo, 41, 45
Clinton, Bill, 230
Clinton, Hillary, 31

Dabney, Robert Lewis, 103-104
Davidovsky, Sebastián, 168
Rúa, Fernando de la, 25-26, 33, 42, 191, 202
DeSantis, Ron, 87-88, 107-108, 182

Espert, José Luis, 8, 37, 137-139
Eurnekián, Eduardo, 150-151

Fernández, Alberto, 7, 9-10, 20-21, 24-27, 42, 54-55, 117, 190
Fernández de Kirchner, Cristina, 22, 24, 41-42, 138, 191, 207
Francisco, papa, 95-96, 105, 107, 201
Franklin, Benjamin, 89
Friedman, Milton, 189
Fujimori, Alberto, 14, 45

Giacomini, Diego, 79, 81
Goldstein, Emmanuel, 134, 177
Goldwater, Barry, 119-122
Gómez Centurión, Juan José, 142-143, 147-148
González, Juan Luis, 79, 108,
Greene, Marjorie Taylor, 88

Hayek, Friedrich, 129
Hitler, Adolf, 106
Hoppe, Hans-Hermann, 72, 80, 82, 123-128, 146
Huerta de Soto, Jesús, 12, 65, 140, 154, 186

Iturralde, Cristián Rodrigo, 81

Jacoby, Susan, 89
Jefferson, Thomas, 89, 228

Kast, Antonio, 11, 34, 83
Keyes, Ralph, 38
Kicillof, Axel, 191
Kirchner, los, 8-9, 22, 26-27, 40-41, 146, 153, 207
Kirchner, Néstor, 8, 170-171, 190-191, 207
Krause, Martín, 224

Laje, Agustín, 80-83, 108, 144-115, 139-140, 142, 150, 167-168, 198, 222, 225
López-Aliaga, Rafael, 11
Lousteau, Martín, 31

Macri, Mauricio, 7-11, 19, 21-24, 26, 31-32, 42, 50-51, 53-55, 117, 138-139, 142-143, 150, 159, 165, 190-192, 195, 203-204, 206-207, 213-214-215, 221
Maduro, Nicolás, 27, 41
Majul, Luis, 195
Márquez, Nicolás, 80-81, 83-84, 89, 108, 139, 142, 150, 194, 225, 228
Massa, Sergio, 7, 9-10, 22-24, 40, 89, 117, 144, 166, 205
Mattera, Luis, 116
Meiselman, David L., 153
Meloni, Giorgia, 83, 114, 167
Menem, Carlos Saúl, 26-27, 31, 40, 190-191, 207-208, 217
Milei, Karina, 42-43, 79, 84
Mises, Ludwig von, 129
Mondino, Diana, 201-202
Mussolini, Benito, 81, 83, 145

Netanyahu, Benjamín, 78, 223
Nisman, Alberto, 41

Ocampo, Emilio, 49
Olivera Ravasi, Javier, 83
Olmedo, Alfredo, 142
Orbán, Viktor, 13, 46, 64, 114, 183, 202
Orwell, George, 90, 13

Pablo de Tarso (san Pablo), 105
Paine, Thomas, 89
Pence, Mike, 103
Peña, Marcos, 192
Perón, Juan Domingo, 53-54
Perry, Samuel L., 91
Peterson, Jordan, 73
Petri, Luis, 167, 222
Pettovello, Sandra, 223
Putin, Vladímir, 110-111, 114, 117-119, 183, 202

Quiroga, Juan Facundo, 39

Rallo, Juan Ramón, 12, 65, 186
Rand, Ayn, 121-122, 129, 136,
Reagan, Ronald, 67-68, 85, 116, 118-121
Restovich, Tatiana, 225
Ribas, Armando, 74
Rice, John R., 101-102
Robespierre, Maximilien de, 88
Roca, Julio A., 116
Rodríguez Larreta, Horacio, 21-25, 36-37, 47, 109, 185, 203-204
Rodríguez, Tomás, 151
Rosas, Juan Manuel de, 39
Rothbard, Murray, 45, 126, 197
Sarmiento, Domingo Faustino, 24, 40, 228
Schuettinger, Robert L., 153
Scioli, Daniel, 117, 190-192

Seidel, Andrew L., 89
Silva, Lula da, 27, 117
Sorman, Guy, 118
Soros, George, 134, 137, 177
Sturzenegger, Federico, 192-193
Szasz, Thomas, 183, 188

Tano Pasman, El, 52-53
Thatcher, Margaret, 116
Torrendell, Carlos, 118, 224, 228
Trump, Donald, 11-13, 16, 31-33, 38, 43, 46, 53, 57, 59, 62, 64-65, 67, 77, 79, 81, 84, 86-88, 106-108, 113-114, 118, 122, 126, 134-135, 137, 140-141, 167, 170, 173, 179, 183, 193, 202-211-212

Uriburu, José Evaristo, 112

Vidal, María Eugenia, 204
Villarruel, Victoria, 32, 35, 51, 80, 82-83, 144, 150, 161-168, 183, 198, 222-224, 228

Wilders, Geert, 64
Wilson, Woodrow, 105

Yrigoyen, Hipólito, 112, 208

Zappa, Frank, 121-122
Zunino, Edi, 206